社長、クレーマーから「誠意を見せろ」と電話がきています

the bible
of dealing with
chronic complainer

「条文ゼロ」でわかる
クレーマー対策

弁護士
島田直行

プレジデント社

はじめに

本書は、中小企業の経営者に向けたリアルなクレーマー対策である。このところ、クレームについての本やセミナーを目にすることが増えた。いずれも現場の担当者が問題を効果的に解決するためのノウハウを整理したものが多い。

こういった本やセミナーが強く求められているのは、現場で多くの担当者がクレーム対応に苦慮しているからであろう。最近では消費者によるハラスメントとして、「カスタマーハラスメント」（略して「カスハラ」）という言葉も耳にするようになった。

すでに多くの本が出ているにもかかわらず、なぜ本書執筆の筆をとったかというと、ある経営者から「いろいろ本を読んだけど、なかなか問題の解決にならないことが多い」という悩みを耳にしたからだ。

私は「社長法務」と称した経営者向けのリーガルサービスを提供している。これまでに100名を超える悪質なクレーマーと対峙し、問題を解決してきた。1日に数十回も電話してきたり、根拠なく謝罪を要求してきたりなど、様々な案件をコンサルタントとしてではなく、会社の代理人として前面に出て、自らクレーマーに対応してきた。ときにはクレーマーがいきなり事務所にやってきたこともある。

あらかじめ言っておくが、別にクレーマー対応が好きでやっているわけではない。「社長のため」と思ってサービスを提供していたら、どうしても自分で対応せざるを得なくなったからである。この分野には確立した解決策というものがなかったため、数え切れない失敗を重ねた果てに、なんとか自分なりの解決の体系を構築することができた。それから経営者間の口コミで「あの事務所に相談してみたら」ということで、なぜかクレーマー対応をする事務所ということになってしまった。

解決方法を体系化するなかで気づいたことは、「クレームに対して、戦術はあっても戦略がない企業が多い」という事実である。戦術とは、担当者の交渉力などのスキルだ。世に出ている多くの本は、こういった担当者のスキルアップを目的にしている。

もちろん担当者のスキルを上げることは大事ではある。しかし、それだけでは組織全体の力にはならない。組織全体の力を上げるには、「経営者のクレーマーに対する方針」といった戦略の立案が不可欠である。戦略は戦術でカバーすることはできない。戦略がないから、本などでいくら知識を増やしても現場での能力として定着していかないのである。

そこで現場の課題をリアルに解決して組織を飛躍させることを目的に、経営者に向けて執筆したのが本書である。

本書では、経営者が絶対に押さえておくべき問題解決の基本の型を提示している。何事も最初に基本の型を押さえておくことで、新しい知識を吸収しやすくなる。知識は分散している限りは知識のままである。ひとつの体系の中に位置づけることではじめて経営課題を解決する知恵になっていく。本書では、空理空論については一切触れていない。事例をベースにしながら、具体的な解決の指針を述べている。現実を離れた経営などありえないからだ。

もっとも、本書で単に知恵を学ぶだけでは不十分だ。経営者であれば、学んだ知恵を自ら実行していかなければならない。問題を解決するのは、知恵に基づく行動である。

私の事務所では、クレーマー対応についてのコンサルティングも各企業で実施している。その中では「実行すること」の重要性を強調している。クレーマーは、時代によって内容も対象も変わってくる。変化する問題に対して求められるのは、経営者の判断力と行動力である。経営者がひたすら悩むだけでは、組織自体が揺れて瓦解してしまう。いかなるクレーマーが相手だとしても、経営者は「不当な要求には応じない」という毅然とした姿勢を維持し、解決のための一手を打ち続ける必要がある。その姿が社員にとっても自信につながる。

経営者は「わからないこと」を恐れる必要はない。恐れるべきは「わからないことに目をつぶる自分」である。何をするにしても、動けば物事は動きだす。本書を通じて経営者には判断し行動し続ける勇気を高めていただきたい。

経営者の姿勢ひとつでクレーマー対応は組織力を高めるきっかけにもなる。経営者であれば、どのような状況であっても飛躍する組織を自ら作りあげていただきたい。本書はそのためのガイドラインのようなものだ。


最後に、本書を読むうえで、注意していただきたいことがある。

まずは、クレーマーの意味である。本書では、単にクレームを述べる者ではなく、明らかに不当な要求をする者を「クレーマー」と定義して、対応方法を述べている。一般的なクレーム対応については、他の方の著書を参考にしていただきたい。本書では、私が弁護士として対応してきた一筋縄ではいかないハードな案件を基本にしている。

また、本書では、できるだけリアルな雰囲気をお伝えするために事例を挙げている。弁護士としての守秘義務があるため、会社が特定されないよう、業種、規模、地域などについては適宜変更などしているのでご理解いただきたい。

それでは経営者が自社をさらなる高みに導いていくために話を始めていこう。

2019年9月吉日

島田直行

＊本書における法的根拠などは、いずれも本書作成当時の法令などに基づいています。

第1章

クレーマー対応に疲弊していく現場の担当者たち

いくら真摯《しんし》に仕事をしていても、クレームを受ける可能性はある。クレームは、少ないにこしたことはないが、いかに注意してもゼロにすることはできない。**利用者の期待値が高いほどクレームになりやすい**。

クレームは、自社に対する期待の裏返しでもある。クレーム対応をきちんとすれば、自社のサービスや商品のレベルを上げることもできる。むしろクレームをきっかけに新たなファンを生みだすこともできるだろう。

ただ何事にも限度がある。明らかに過大な要求や常軌を逸した要求方法は、もはや耳を傾けるべきクレームではない。それでも「お客様だから」という曖昧な理由でクレーム担当者は日々対応せざるを得ない状況にある。

クレーム担当は、誰にとってもストレスのかかる仕事だ。「できればやりたくない」というのが本音だろう。とくに相手がクレーマーだとなおさら気が滅入る。ビジネスとしてクレーマー対応をやっている私ですら、「なんでこんな仕事を選んでしまったのか」と自分を責めたい気持ちになるときがある。それでも我々は、クレーマーに甘んじて屈するわけにはいかない。

本書では、社会的相当性を逸脱した内容及び方法で要求してくる者を「クレーマー」と定義して、具体的な対策を検討していく。**その根底にあるのは、「このような人はもはや**

顧客ではない」という明確な方針だ。ここがぶれてしまうと、何をやってもうまくいかない。

本章ではクレーマーについての理解を共有していく。相手の特性を知らなければ現実的な対応策も理解できない。まずはクレーマーによって企業が受ける被害について概略を述べていく。社員が抱く「何をすれば終わるのか」という徒労感が企業全体のモチベーションとパフォーマンスを低下させることになる。そのうえでクレーマー対応を難しくさせている要因も検討していく。

次に、クレーマーがどのような罠を用意してくるかをこれまでの経験をもとに紹介する。クレーマーの要求には、担当者を追い込むための共通パターンがいくつかある。いずれもクレーマーが本能的に理解しているものだ。こういったパターンを把握しておけば、「自分は攻撃されている」と冷静に自分を見ることができるようになる。そのうえでクレーマーの個性について着目する。最近のクレーマーの特徴は、普通の人が何かをきっかけとしてクレーマーになってしまうことだ。普通の人とクレーマーの境界線上に何があるのかについて経験に基づいて考えてみよう。

1 クレーマーは、担当者だけでなく、企業全体を壊していく

〜担当者の徒労感が全体のモチベーションとパフォーマンスを低下させる〜

担当者を襲う、どうしようもない徒労感

「いったい、いつになったら解放されるのでしょうか」

あるクレーマーの担当者がうつろな目でポツリと言った。この一言に担当者の負担が凝縮されている。

私の事務所では、中小企業の経営者を対象にした様々な法務サービスを展開している。相談内容として多いのは、労働問題、事業承継、そしてクレーマー対応だ。

現場に身を置いていると、多くの担当者がクレーマー対応に苦労していることがよくわかる。誰に相談すれば解決できるのかわからないまま、無手勝流で対応し、「このような対

処法で合っているのか」と悩んでいる。

これまで企業側の代理人として100人を超えるクレーマーに対応してきた。代理人であるため、私自身が矢面に立って交渉などをしなければならない。それがコンサルタントとの違いである。つまり、**クレーマー対応は、いつも「自分ごと」である。**

企業からの相談で最初に受ける印象は、社長も担当社員も皆クレーマーへの対応に疲弊《ひへい》していることだ。終わらない電話に繰り返される面談要求。なかには根拠もなく罵《ば》声《せい》を浴びせられているケースもある。それでも「お客様だから」ということで、ひたすら耐える。しかし、そんなことをいつまでも続けていたら、いつかメンタルヘルスに支障をきたす。

相談は、担当者に今の自分の感情を話してもらうことから始める。こういった感情が事案の解決に直ちに結びつくわけではない。感情を吐露《とろ》してもらうことで担当者に安心してもらうことが目的である。

すると、いかにクレーマー対応がきつかったかを切実に話しだす。プライベートの時間を奪われた人もいれば、何時間もクレーマーの自宅に留め置かれた人もいる。これらを「仕事だから」と割り切るのは間違っている。誰かの犠牲のもとで成り立つような事業があってはならない。

こういった悩める社員に共通する感情は、どうしようもない徒労感だ。まじめな人ほどクレーマーに対して真摯に対応しようとする。不当な要求だと理解していても、丁寧に繰り返し説明をする。「いつかは理解していただける」と信じてひたすら尽くすが、相手がこちらの言い分を理解することはない。

「いったいどうすればわかってくれるのか。何をやっても話が終わらないのではないか」という気持ちに次第になってくる。徒労感は絶望に至る。社員は苦しみから解放されるために、自らの判断でやってはいけないことに手を出すことすらある。**無駄だとわかっていることを繰り返し実施することは、ある意味で拷問《ごうもん》でしかない**。

たとえば、ある社員は、家財道具を納品したときに家の壁にキズをつけたと言われた。そのキズが本当に社員がつけたキズかどうかはわからない。会社としては、このようなキズについて賠償をする必要はないと判断した。それでもクレーマーからの社員への攻撃は終わらなかった。会社からは「相手にするな」と指示される一方、クレーマーからは「どうにかしろ」と言われ続ける。その社員は「これで話が終わるなら」と安易に考えて、会社の指示に反してポケットマネーで2万円をクレーマーに支払った。

もちろん話はこれで終わらない。**人間はいったんルールを破ると「ルールを破ること」への抵抗感が一気に下がる。**もちろんクレーマーは、そういった人間心理を本能的に理解している。負い目を感じる社員に対しては、「会社に黙っておいてやるから」と、さらに要求を続けるようになった。

徒労感に襲われた社員は、仕事に対するモチベーションも低下していく。こういったモチベーションの低下は、職場内に自然と伝播《でんぱ》して、企業全体のパフォーマンスをも低下させることになる。

「あんなに大変なら、クレーマー担当だけは避けたい」という気持ちが社内に充満してくると、いつまでも特定の社員だけが負担を強いられることになる。トラブルになったときには責任のなすりつけあいにもなる。労働事件の根底には、こういった職場におけるギスギスした人間関係もある。

ある担当者と面談したとき、「いちばん辛いのは誰も助けてくれないこと」と言われた。「それは大変だったね」と声をかけると、抑え込んでいた感情が一気にこみあげてきたようで担当者は号泣した。横にいた社長は、何も言えずに下を向いていた。

我々は、大事な社員をクレーマーの餌食《えじき》にするわけにいかない。だからこそクレーマーへの現実的な戦略が求められる。

自分の〝正義〟を語るクレーマー

クレーマーには、「自分が不当な要求をしている」という意識はない。「自分の要求は当然であって、誰からも否定されるべきものではない」という根拠のない自信に満ちている。人は自信を持って対応されるとたじろぐ。仮にそれが間違った自信であっても、だ。

実際、裁判で尋問をするなかでもっともやっかいなのは、「自分は正しい」という圧倒的な自信を持っている人だ。**人間とは、良い人が悪いこともするし、悪い人が良いこともする複雑な存在だ。「正しい人」「間違った人」と単純に区別できるものではない。**それぞれが自分の立場をわきまえて譲歩するからこそ、コミュニティーを展開することができる。正義を正義として朗々と語る人は、たいていの場合、他人とうまくやっていくことができない。ここで語られる正義とは、「自分にとっての正義」という個人的なものでしかないからだ。

正義といっても、見方によっては様々である。ある一面からしか眺めずに語るのは、正義ではなく独善である。本当に正しい人は、「自分の正義」というものをあえて口に出したりはしない。黙っていても正しい。

その意味で、クレーマーは自分を「正義の人」と誤解している傾向が強い。「自分は正しいのに、周囲はそれを理解していない。だからこそ自分が周囲の無知な者に教えてやらなければならない」という啓蒙的な思想が根本にある。**そのため、いつも上から目線で要求をしてくる。**要求のみならず、「教えてやる」という姿勢が態度に表れている。

駆け出しの頃、ある飲食店の依頼でクレーマーと電話で話をしたことがある。「お前は、弁護士といっても何年やっているのか。若造にはまだわからないから人の道を教えてやろう」というようなことを言われた。弁護士の仕事にキャリアなど関係ないし、会ったこともない人に「お前」呼ばわりされていい気はしなかった。「あなたに教えていただくことはないです」とあえて淡々と回答したら、かえって相手の感情を逆なでしてしまった。当時は自分もまだ若く、今ならもう少しうまくやれたと感じているところだ。

「自分が正しい」という自信は、誰かに論理的に説得されることを許さない。クレーマー対応に慣れていない人は、相手の矛盾や非合理性を指摘すれば問題が解決できると誤解している。しかし、そんなことをしても、問題はよりいっそう複雑になるだけだ。

クレーマーは、自分の話に矛盾点があっても、事実を歪曲して適当に話を作りあげてい

く。一方的に「自分が被害者」というストーリーを書きあげる脚本家のようなものだ。いったん嘘をつくと、さらに別の嘘で周囲を固めていく。嘘は嘘を呼び込み、いっそう具体的な話になっていく。一抹《いちまつ》の真実と嘘が混在すると、全体が真実味を帯びてくるようになり、担当者を惑わすようになる。

誰しも経験したことがあるだろうが、内容に関係なく声の大きさによって組織全体の意思決定が間違った方向に動くことがある。

たとえば、クレーマー関連で相談が多いのが、マンション管理組合におけるやりとりだ。マンションの住民は、基本的に各自が同じ位置づけになる。本来であれば全員で協議したうえでベストな結論に至るべきだ。

だが、実際には一部の住民が興奮気味に会議を仕切ろうとする。しまいには「現在の理事のあり方はおかしい」と個人を公開の場で糾弾し始める。こうなると誰も理事をやりたいとは考えない。自分が批判の対象にならないためにクレーマーの判断に従うことになる。「組合がこんな状態だったら、マンションの価値も下がってしまう」と相談に来る人も少なくない。一部の声が全体を間違った方向に導くことになる。

不当な要求であっても、自信を持って繰り返し主張されると、相手は威圧されてしまう。

最初は「無茶なことを言っている」と感じていても、繰り返されると「自分の考え方が間違っているのだろうか」という不安を抱くようになる。悪しき自信は良き自信を駆逐する怖さがある。

担当者がクレーマー対応に苦しむ3つの理由

クレーマー対応は、誰にとっても骨の折れる仕事だ。ビジネスとして担当している弁護士ですら、「なんでこんな仕事を引き受けたのだろう」と後悔することがたびたびある。一般の方であればなおさらだ。

これまで出会った担当者の方の話を整理すれば、クレーマー対応に苦しむ理由は以下の３つに集約される。

①「つながりを持ってしまっていること」
②「ゴールのイメージができないこと」
③「フラットな関係を維持できないこと」

これらについて順に説明していこう。

①つながりを持ってしまっていること

仮に道端で見知らぬ人から罵声を浴びせられたらどうするだろう。普通なら怖くなって立ち去るだろうし、警察に助けを求めることもある。相手とは何のつながりもないため、しかるべき対応をすることについてなんら躊躇《ちゅうちょ》はない。自分の判断だけで選択して行動することができる。

これに対して、クレーマーの場合、「お客様としてお金をもらっている」というつながりがある。このつながりが担当者の自由を奪うことになる。日本の経営者は「顧客第一主義」を大事にしている。もちろん、すべての利益の源泉は顧客であるから、「顧客のために」尽力することは当然のことだ。

だが、**顧客第一主義は、ときに顧客至上主義に陥るリスクを内包している。**「お金をいただいたのであれば、とにかく大事に」というスタンスでは、いかなる不当な要求に対しても曖昧な態度でしか接することができない。

明らかに不当な要求に対して、一方的に謝罪して、とにかく相手の感情を抑えようと必死になっている担当者の姿を目にしたことがあるだろう。「もっと毅然とした態度で接しないと」と評論家的な視点で周囲が批判するのは簡単だ。だが、担当者として他の方法がわからないから、考えられる精一杯の対応をしているのが現実だ。

クレーマー対応は、周囲から見るのと、当事者として見るのではまったく見え方が違う。安易に周囲が意見するのを目にすると、「会社のためにがんばっている担当者を批判してどうする」と言いたくもなる。もっとも、担当者が「顧客だから」といってコトナカレ主義で対応していたら、さらにクレーマーを助長させるのも事実だ。

我々は、いたずらに「顧客」という言葉に従うのではなく、立ち止まって「我が社の顧客とは誰なのか」について自問するべきだ。不当な要求をしてくる者に特別な対応をすれば、自社を信用してくれている本来の顧客を裏切ることになる。

②ゴールのイメージができないこと

あるメーカーの担当者が相談に来所した。担当者は、昼夜問わず電話による攻撃を受けていた。相手は「説明責任を果たせ」の一点張りで、まさに心身ともに疲弊していた。その担当者は「いったい相手は何をしたいのでしょうか。これって終わりがあるのでしょうか」とポツリと話した。「終わらせるのがうちの仕事ですから」とはっきり回答したが、こちらに向けられた半信半疑の目が印象深かった。彼のこれまでの苦労をなによりも物語っていた。

いかなるプロジェクトにおいても、ゴールを設定しなければならない。ゴールが設定されなければ、歩むべき方向性と現在地からゴールまでの距離がわからない。ゴールがなければ永遠に歩き続けることが目的になってしまう。

しかし、**クレーマー対応では、このゴールをまったく設定することなく対処しているケースがあまりにも多い。**単に質問に対する回答を永遠に繰り返しているだけというパターンだ。こんなことをしていれば、いつまでたっても電話も面談要求も終わらない。しかも話し合って決まっていたことでさえ、「そんな説明は聞いていない」と積み上がったものを一方的に破棄されることすらある。

ゴールが設定できないのは、「何をもって解決とするのか」が明確にされていないからだ。「クレーマーがおとなしくなって、手間がかからなくなればいい」というスタンスでやっていたら、いつまでも同じことの繰り返しである。

③フラットな関係を維持できないこと

交渉は、基本的にフラットな関係を前提に組み立てるべきだ。クレーマーを相手にする場合であっても、クレーマーと企業は同じ当事者である。こちらとしても言うべきところは言うべきであり、聞くべきところは聞かなければならない。

あたりまえのことであるが、実際、クレーマーを相手にするとなかなかあたりまえのことにならない。クレーマーは、自分を「かわいそうな被害者」と位置づける。交渉においても、「被害者である自分と加害者である企業」という構造を意図的に設定する。

人は、相手から自分は被害者だと主張されると、なかなか自由に発言することができない。「被害者」という言葉を耳にしただけで、事実に関係なく後ろめたさを抱く。**クレーマーは、自分を一方的に被害者だと設定して、担当者よりも優位な立場を作ろうとする。**ここでは事実としての被害の有無は関係ない。とにかく「自分は被害者だ」ということを強調して、交渉を有利に展開させようとする。

ある飲食店で食事をした家族から「体調不良になった」との苦情があった。興奮した父親からは「娘もいるのにどうやって責任をとるのか。病院代をどうしてくれる」と荒々しい電話があった。「責任」という言葉に狼狽《ろうばい》した社長から「すぐに会ってほしい」との連絡があった。社長からは「先生、(慰謝料は)いくらくらいが相場でしょうか」との質問があった。

冷静になってほしい。そもそも家族は本当に体調不良になったのだろうか。しかも原因は本当に提供した食事にあるのだろうか。何も事実がわからない状況で結論を出すことなどできない。**それにもかかわらず、人は自分が加害者と指摘されると、冷静な判断をすることができずに場当たり的な対応をしてしまう。**

先の事例では、「ご要望はわかりました。ご迷惑をおかけしたかもしれません。まずは事実を確認させていただきます」という対応が正しい。いきなり損害賠償の話をしてはならない。クレーマー対応においては、相手と自分はフラットな関係であることを認識しておこう。

ポイント！

- **クレーマーは、担当者のみならず、企業全体の生産性を下げる可能性を持っている。**
- **クレーマーは、正義感を持ち、自分が不当な要求をしているとは思っていない。**
- **クレーマーに苦しむ理由として、「ゴールのイメージが見えない」点が挙げられる。**

2 クレーマーの仕掛けてくる罠に注意しよう

~知らず知らずのうちにクレーマーの術中にはまっていないか~

典型的なクレーマーの罠

クレーマーは、単に大きな声を出すだけではない。声が大きいだけなら無視すればいいので対処も簡単だ。

実際には、声の大きさのみならず、いろんな罠を用意してくる。なかには１１０番されて警察が事務所にやってきたこともある。**こういったクレーマーの仕掛けてくる罠は、「それが罠だ」とはなかなかわからない。**少なくとも対応している担当者は緊張もしているので、自分が静かに蟻地獄にはまっていることに気がつかない。弁護士に相談して我に返ってはじめて、「自分は相手のペースにはめられていた」とわかるようになる。

そこで典型的なクレーマーの罠についていくつかご紹介しよう。もしもクレーマー対応に苦しんでいたら、自分が彼らの罠に陥っていないか考えていただきたい。

その1　小さなことを大きく取り上げる

あらゆるクレームは、現実の結果が自分の期待値に及んでいないときに発生する。自分のなかでの期待値が高いほどクレームが生まれやすい。たとえば、結婚式などは期待値が高いため、わずかなことでもクレームになりやすい。

クレーマーは、自分の期待値に及ばないときに相手にミスがあるとわかると、徹底的に糾弾してくる。ミスの程度にはいろんなレベルがある。軽微なミスもあれば、重大なミスもある。**本来であれば、負うべき責任の範囲も、ミスの有無及び軽重に応じて検討するべきものだ。クレーマーは、そういった緻密な判断には一切興味を持たない。**

「自分は納得できない」となれば、苦情を言い放つのに十分な理由になる。そのため、相手にわずかなミスでもあれば、鬼の首を取ったように追及してくる。言われた側は「たいしたミスではないでしょ」と思っていても、「ミスがある」と言われると否定できない。まして や相手がすごい剣幕で詰め寄ってきたら、なかなか反論できるものではない。なまじ反論すれば、「ミスをしたうえに反省もしないのか」とかえって火に油を注ぐことになる。

こちらにミスがない場合ですら、クレーマーから言いがかりをつけられることもある。**クレーマーにとっては、「不満があるのでクレームを言い立てる」ことが目的であって実際にミスがあるかどうかはさしたる問題ではない。**こちらにミスがなければ、あるように声を上げればいいと考えている。

「ミスはない」といくら説明をしても、「嘘を言っている」あるいは「それが問題ではない」と反論されて議論はいつまでたっても終わらない。こちらはただひたすら我慢せざるを得ない。我慢できなくなると、「では、どうしたらいいのですか」ということになり、クレーマーに要求されるがままに従うことになる。

以下の例は、私が若いときに担当したリフォーム会社の案件である。どこにでもあるような親子経営の小さなリフォーム会社であった。

リフォーム会社は、クレームを受けやすい業種のひとつである。もともと経年劣化などで傷んでいる物件も多く、何か問題があっても、業者のミスなのか、あるいは建物の劣化が原因であるのか、はっきりしないところもある。

この親子は、そういった事情をよく理解しており、事前に丹念に説明をしていた。ある独り暮らしの女性から依頼を受けてリフォーム工事を始めた。工事期間中から女性は、いろいろ指摘するようになった。「塗装の色が事前の説明と違う」「職人からの挨拶がなかった」「工事が遅い」など挙げだしたらきりがない。しかも「今すぐ謝罪に来い」の繰り返しである。いずれも問題がある内容ではなかったが、社長は女性の機嫌を損ねないように謝罪し、最大の配慮をしながら工事を終えた。

しかし、女性からは「こんな工事では代金は支払えない。むしろ慰謝料を要求する」ということであった。親子は、誠心誠意尽くしたものの、一向に相手の感情が収まらないので私に相談してきた。そこで弁護士名で「根拠のない主張をされるのであれば、訴訟をする」と通告したら一気に終息した。親子は「あれはいったい何だったのだろうか」と不思議な思いであった。

我々は、いつも心のどこかで「自分にも間違いがあるのではないか」と自分を疑うところがある。「自分を疑う」ということ自体は、良好な人間関係を築くうえで必要な視点である。「自分は絶対的に正しい」と考えることは大きな誤りを導くことになる。

しかし、**こういった自省的な態度はクレーマーに利用されやすい**。ミスがなくても「ミスがある」と言われ続けると自分が怪しくなってくる。

こういった場合は、クレーマーの主張する問題点を紙に書いてみるといい。頭で考えるだけでは次第に自分を追い込んでしまう。紙に書くことで冷静になれる。そのうえで「問題点とされるものが現実にあるのか」「問題点が発生した原因は何か」を箇条書きにするといい。紙に書くことで「これは自分のミスではない」と自信を持つことができる。

自分で自分を疑いだしたら、何もかも自分の責任になってしまう。紙に書きだし、事実をとらえなおすことで、弱った自信を回復してほしい。

その2　クレーマーは担当者を会社から分断し、孤立させる

交渉において相手を分断させることは、定石《じょうせき》のひとつだ。孤立させることで物理的にも精神的にも相手を衰退させることができる。

こういった戦術は、クレーマーも多分に利用してくる。**「クレーマー対会社」という構造であるべきなのに、いつのまにか「クレーマー対担当者」という構造にすり替えられてしまう。**こうなってしまうと、クレーマーの手から逃げだすのは難しい。

ある家具店の営業担当者から「助けてほしい」という相談の電話があった。電話で会社名を聞いたものの、はっきりと回答しない。「変わった相談者だな」と感じつつも、相談日

時を設定した。やってきた担当者は青白く、明らかにやつれていた。話としては、家具を設置したときに「床に傷をつけた」としてクレーマーの餌食になっているとのことであった。

本人としては、傷をつけないように養生《ようじょう》もしっかりしていて、傷などつけていないという話であった。話の迫真性からして嘘を言っているようにも思えない。でも相談を聞いていて何かが引っかかる。

はたと気がついたら、彼の話からは社長や上司という言葉がまったく出てこなかった。そこで彼に「ところで会社としては、今回のクレーマーについてどのように対応されているのでしょうか」と質問した。彼はうつむいたまま、「会社にはまだ言っていません」と答えた。

こういうケースでは、だいたいの結末は予想がつく。「自分でいくらかお金を渡したの」と聞いた。しばらくしてうなずいた。自分のしてしまったことで自責の念に駆られていたのであろう。それからはありのままを話すようになった。

クレーマーは、営業担当者が柔和な人だと見抜いたらしく、「お前も家族を持っている男だろ。自分のミスは自分で責任を取れ。会社に迷惑をかけるな」と語ったそうだ。彼としては、「自分のミスで会社に迷惑をかけたくない」との一心だった。そのため、クレーマーからの揺さぶりとはわからずに、話を鵜呑《うの》みにしてしまった。クレーマーは、彼に「会社や家族に迷惑をかけないよう話すな」と諭すように伝えていたようだ。まじめな彼は言われるがままに賠償の名目で金銭を支払うことになった。

こういったとき、クレーマーはいきなり多額の請求をしてくることはない。個人で支払えるくらいの数万円を執拗《しつよう》に求めてくる。**「少しずつ、ずっと」というのがこの手のクレーマーが求めるものだ。**担当者の彼としてはあとになって怖くなった。いつまでも支払えるわけがない。いつかは家族にばれてしまう。そこで「なんとかしてほしい」と藁《わら》にもすがる思いで相談にやってきたというわけだ。

私は「このままではお受けできません」ときっぱり答えた。助けを求めていた彼にとっては絶望的な響きだったかもしれない。彼が最初にするべきことは、自分の口で事情を社長に説明することだった。彼にしても、「クレーマーからの要求を隠蔽《いんぺい》していた」という問題点があるからだ。これは彼自身が自分で説明しなければならない。弁護士が代わりに社長に説明すれば話は早いだろうが、そんなことをしても彼のためにならない。同じことを繰り返すことにもなりかねない。彼をかわいそうな社員としてとらえることは簡単だが、かわいそうというだけでは問題の解決にはならない。**安易な同情は、ときに問題を見誤らせる。**

彼は意を決して、自分のしたことをありのまま社長に説明した。社長は青天の霹靂《へきれき》で、すぐに彼とともに相談に来た。「会社として正式に依頼したい」とのことであった。

そうなれば、あとの行動はシンプルだ。すぐに内容証明郵便でクレーマーに「社員には二度と連絡をとってはならない。何かあれば弁護士が対応する」と通知した。クレーマーからは、二度と連絡はなかった。

解決後、「社長に叱られた?」と彼に聞いたら、「厳しく叱責されました。でもすべて話せてよかったです」と語っていた。彼はきっと同僚や部下が同じような目にあったときにきちんとしたアドバイスができるはずだ。人は、失敗を成長の糧《かて》にすることができる。

このように、**クレーマーの担当者は、第三者が感じているよりも孤独な立場にある**。クレーマーからの執拗な電話を受けつつ、日頃の業務もこなさなければならない。周囲の同僚は「大変だね」と声をかけてくれるが、具体的なサポートをしてくれるわけではない。しかも、まじめな人ほど周囲に助けを求めることを躊躇して、「自分でなんとかしなければならない」という気持ちになる。

クレーマーは、そういった孤独な立場をかぎ取って活用することに長《た》けている。**いったんクレーマーの要求に応じてしまうと、「やってはいけないことに手を出した」という歪《いびつ》**

な連帯感がクレーマーとの間にできてしまう。結果としてさらなる不当な要求にも応じてしまうために会社の金銭に手をつけてしまうことすらある。

「会社のために」と頑張っている人が違法なことに手を染めるようなことがあってはならない。どんなことがあっても担当者を孤独にさせてはいけない。そのためにも担当者との綿密な情報共有が必要である。

その3　周囲を使って担当者を間接的に追い込む

誰かを攻めるとき、相手を直接的に攻撃するよりも、周囲の者を通じて間接的に攻撃したほうが効果的なケースがある。これはクレーマーもよく利用する方法だ。

クレーマーは、断固とした姿勢を貫く手堅い会社をいかにして崩していくかについて思案している。繰り返し攻めたところで芸がない。**そこで会社が信頼している者、あるいは頭の上がらない者をあえてターゲットにして、プレッシャーをかけてくる**。そうなると「あなたのところの苦情がうちにやってきて困っている。早く解決して」と第三者から言われてしまうことになる。

こうなってくると、せっかくクレーマーに対して毅然《きぜん》とした対応をとっているのに後ろから矢が飛んでくるようなものだ。人は背後からの攻撃にめっきり弱い。**「他の人に迷惑をかけてはならない」という良識を持つ人ほど、間接的な追い込みに精神的に滅入ってしまう。**

たとえば、あるフランチャイズの飲食店を展開する会社では、中年男性から「買い物袋を店舗に忘れたが、見つからないから責任を取れ」という趣旨のクレームが入った。会社として調べる限り忘れ物はなかったので、その旨を店長が説明した。それから男性からの執拗な電話や面談要求が始まった。

会社としては、クレーマーに対して「いかなる賠償にも応じない」という姿勢を貫いていた。根拠のない要求に賠償として応じていたら終わりがない。飲食店はもともとクレームを受けやすい業種である。店長も自分の仕事を理解して、よしなに対応していた。

クレーマーは、自分の想定通りに物事が展開しないことにかなりいら立っていたようだ。そこでクレーマーは作戦を変更して、間接攻撃に切り替えた。フランチャイズの本部にクレームの矢を向けた。「○○店の対応は明らかにおかしい。本部としていかなる責任を考えているのか」という苦情を申し入れた。

フランチャイズの本部に、個々の加盟店の事情などわかるはずがない。「顧客」と名乗る者から苦情が入れば、「承知しました。確認したうえで早急に店舗から連絡させていただきます」といった形式的な扱いをすることが多々ある。加盟店には、本部からの「こういった苦情が入りましたので、早急に対応してください」という連絡だけがくる。加盟店としては「こういう事情がある」と説明をしたが、本部には相手にしてもらえなかったようだ。

本部からは「早急に鎮静化せよ」という曖昧な指示のみが繰り返された。加盟店としては、今後の契約もあるため、本部に対して「そのような対応はおかしい」と声をあげることもできない。結果として本部とクレーマーの板挟みになってしまう。この事案では弁護士名で通知を出して解決した。

こういった間接的な追い込みは他にもある。あるサービス業の会社では、加盟する上部団体の協会の窓口に苦情を持ち込まれた。管轄する行政庁に苦情を言われたケースもある。**いずれにしても担当者は、クレーマーのみならず第三者への対応も余儀なくされるために疲労困憊《こんぱい》する**。「なぜ自分だけ、こんなことをしないといけないのか」という虚無感に襲われることになる。しかも第三者に対しては、事細かな報告書の提出を求められることもある。ただでさえ忙しい担当者は、このような報告書の作成にさらに時間を取られてしまう。

あなたがクレーマーの担当者であったならば、まずどこを攻撃されたら辛いかを考えてみてほしい。「ここから指導が入ったら大変だな」と感じるところである。そこがあなたにとっての弱点であるし、クレーマーに狙われやすいところでもある。それは本部かもしれないし、取引先かもしれない。

こういった間接的な攻撃は、企業が大きくなればなるほど敏感になってくる。最近相談が増えてきたSNSなどを使った攻撃も、広い意味では間接的な追い込みのひとつである。すでに間接的な追い込みに悩んでいるのであれば、弁護士に相談したほうがいい。「すでに弁護士に相談しています。ご迷惑をおかけしますが、クレーマーからの不当な要求には応じませんのでご協力ください」と説明するだけで納得してくれる関係者も少なくない。しかも一般の方なら、「弁護士に依頼している」というだけで「この人も大変だな」と同情してくれる。**間接的に攻撃を受けている状況において自力で第三者からの信用を回復していくことは、相手のあることなのでなかなかできない。**

こういった状況に陥らないためには、クレーマーとのやりとりが始まった早い段階で周囲にも状況を事前に伝えておくことだ。「こういったクレーマーを相手にすることになりました。もしかしたら、ご迷惑をおかけするかもしれません」と一報を入れておくだけで相手の対応は同情的なものになる。いきなり苦情が来るから相手としても驚くわけであって、事前にわかっていれば心構えもできて、背後からこちらに矢が飛んでくることを回避できる。

ポイント！

- ・クレーマーは、小さなことを大きく取り上げて、担当者を追い込む。
- ・クレーマーは、担当者を会社から分断し、孤立させて追い込む。
- ・クレーマーは、周囲の第三者を使って、担当者を間接的に追い込む。

3 普通の人(被害者)がクレーマー(加害者)になってしまう背景

〜膨れ上がるサービスと期待がクレーマー増加の温床となっている〜

“被害者”という名の加害者

「クレーマー」というと、一昔前まではいわゆる反社会的勢力のようなイメージが強かった。だが、**最近はむしろ普通の人があることをきっかけにしてクレーマーになることが多い**。もともと「普通の人」であるがゆえに対応の仕方が難しいところもある。

クレーマーになる人は、とかく自尊心が異様に高い傾向がある。あらゆることについて自分を中心にしてしか見ることができない。「世界の中心に自分があって、周囲が自分を中心に回っている」という、いわば天動説のようなものだ。

こういった人は、自分の思い通りにいかない場合に自分を被害者として位置づけることが多い。理由はなんでもよくて、とにかく「自分は被害者であって、弱者として保護され、尊重されなければならない」という意識が強い。そうすることで自分が不当な要求をしても、周囲からは「被害者だから仕方ないか」と感じてもらえるように自分を演出することがある。

もちろん我々は、自分たちの社会を維持していくためにも、被害者とされる人を保護して慈《いつく》しむ必要がある。これは誰しも理解していることだ。いろんな事故や事件の被害者が周囲の支援を受けながら元の暮らしを取り戻していくのを目にする。まさに人間のすばらしい点のひとつであろう。

ただ、「被害者」という言葉を耳にすることで思考が停止してしまうことの弊害も否定できない。誤解を恐れずに言えば、被害者だからといって、あらゆることが許容されるわけではない。「本当に被害にあったのか」「その被害の原因は何か」について整理しなければならない。

それにもかかわらず、**被害者からの話だけを聞いて全体のイメージを持つことは事実を歪曲してとらえてしまう危険を含んでいる。**仮に本当に被害者だとしても、要求できることや要求の仕方には自ずと限界がある。そういった限界をきちんと共有しておかなければ、誰しもが求めるばかりの世界になってしまい、共同体としての社会を維持していくことができなくなる。ある日気がついたら、みんなが被害者としてものを申すようになっていたということになりかねない。

たとえば、交通事故を起こした若い女性から、相手がクレーマーになって様々な要求をしてくることに対する依頼を受けたことがある。彼女は不注意からブレーキを緩めてしまって、前の車に軽く追突してしまった。追突といっても、当たったかどうかもはっきりしないような事故だ。相手は中年の女性で、車両の修理費は約10万円だった。保険会社は、修理費での示談を提案した。

これに対して、相手は新車を要求してきた。保険会社としては、過剰な要求に応じることはできないため、要求を断った。当然の対応である。

保険会社と協議してもらちが明かないと思った相手は、今度は加害者の家族に執拗に電話をかけてきた。保険会社の担当者が直接の連絡を控えるように説得しても、聞く耳を持たなかった。当初は主張していなかったケガについても言及してきた。

加害者の両親は、自分の娘が変な事件に巻き込まれるのではないかと不安になり、保険会社に対して「なんとかしてくれないか」と相談した。しかし、保険会社としては、相手の不当な要求に応じるわけにはいかない。両親は「お金で解決できるのであれば」とまで考えるようになったようだ。その段階で周囲からの「弁護士に相談してから動いたほうがいいのでは」というアドバイスで、人づてに私の事務所に来所した。

こういうケースでは、一度カネを出してしまうと、まとまる案件もまとまらなくなる。相手に、「この家族はプレッシャーをかければカネを出す」と知らせるようなものだからだ。したがって、相手に対して「他に費用を支払う意思はない」という趣旨の書面をすぐに発送した。すぐに相手から私の事務所に電話がかかってきた。「自分は100%被害者であるのに、なぜ弁護士が出てくるのか。おかしいでしょ」ということであった。

別にまったくもっておかしなことではないことを説明したものの、理解してもらえなかった。相手には「加害者は被害者が満足するまで尽くさなければならない」という価値観が根底にあったようだ。そこで、交渉を円滑にするために、こちらから裁判所に調停を申し立てた。そのなかで話し合いをして妥当な額で折り合いをつけることができた。

このように、**クレーマーは自尊心を維持するために不当な要求であっても容赦なく言ってくる。しかも不当な要求をカモフラージュするために「被害者」という仮面をつけてやってくる。**仮面は周囲からの同情を引きつけるための演出である。実際には「被害者」という名の〝加害者〟になっている。

このような不当な要求に応じていたら、本来救済されるべき被害者が救われない可能性が出てくる。本当に苦しんでいる人を救うためにも、不当な要求には応じてはならない。

社会の成熟とともに膨れあがるサービスと期待

クレームは、期待と現実の差異から生まれてくる。期待が大きいほど、現実とのギャップを受け入れることができず、失望感を不当な要求へのエネルギーに転化させていく。期待は、周囲の人が何を自分に提供してくれるかによって決まってくる。**周囲の人が提供してくれたものに満足せず、さらなるものを期待するほど、クレーマーの谷に落ちやすくなる。**

我々は「お互い支えあいながら暮らしている」ということを何度も繰り返し教わってきた。それぞれが共同体のなかで自分の役割を果たすからこそ、周囲からも支援を受けることができる。みんなが自分の欲するものを要求するばかりでは、共同体が成り立たない。

だが、社会が成熟していくと、自分の役割を果たさずとも周囲から善意のもとでサービスを受けることができるようになる。一方的にサービスを受けるだけの関係でも暮らしていけるようになると、サービスを受けることが当然のことのように誤解する人が出てくる。

サービスを提供する人は「誰かのためになれば」と善意で動く。慈悲《じひ》深い人ほど自分を犠牲にしてまで周囲の人に尽くそうと努力する。

そういった努力が評価されればまだいいが、「あたりまえのこと」ととらえる人も少なからずいる。そういった人は、さらに過大な要求をサービス提供者に求めてくる。言われた側は、「自分にも至らないところがあった」と考えて、より多くのサービスを提供しようとする。**いつのまにか「サービスを受ける側」と「サービスを提供する側」が固定化されて、まるで主従関係のようになってしまう。**しかも固定化された状況があたりまえのようになると、「こんな関係はおかしいでしょ」と誰も声をあげなくなってしまう。結果として担当者は過大な要求に応じざるを得なくなり、疲弊していくことになる。

こういった傾向は、医療・福祉の分野でとくに顕著である。私の事務所では、医療・福祉関係施設の顧問もさせていただいている。出会った方々は「社会をよくしていきたい」という情熱を持って現場で活躍している。本人や家族から出てくる様々な要求にも真摯に耳を傾けて対応している。求められるレベルは日々高くなり、負担する業務量は増える一方である。

利用者のなかには、こういった担当者の善意を悪用する者もいる。ある施設では、担当者は利用者から「呼んだらすぐにやってこい」と何度も罵声を浴びせられていた。他の施設では、利用者の家族から「うちの親には担当者を側に常駐させておけ」と電話越しに大声で言われていた。こんな状況であれば、誰しも現場で働くモチベーションを維持することができない。常軌を逸した過大な要求こそが医療・福祉を破綻させる要因になっている。

かつて、ある福祉分野の業界の会議に呼ばれたことがある。福祉の分野では、高齢化社会のなかで矢継ぎ早に様々なサービスあるいは制度が生まれている。いずれも高齢者の方や介護する家族を支援するためのものであるから、誰も否定することができない。

高齢化問題が語られるとき、いつも視点は「利用者」ばかりで、サービス提供者の視点が忘れられている。新しいことを始めるのはいいかもしれないが、提供できる資源には自ずと限界がある。結果として新しいサービスが担当者の過重労働のもとで展開されることになるかもしれない。これでは問題の本質的な解決はならず、むしろクレーマーをいたずらに増やすだけの結果になりかねない。**福祉の分野で現実的に必要なことは、やるべきことを減らすことだ。**

そこで会議では、「必要なことは新しいことを始めることではなくて、やめるべきことを決めることだ」と発言をした。想定外の発言に会場は静まり返った。会議の後、複数の人々から「いつも言えなくて悩んでいたことを明確に指摘くださり、ありがとうございました」という連絡をいただいた。いかに現場の担当者が苦しみながら仕事をしているのかがわかった。

我々は、より良い暮らしを送るために、より多くのサービスを求めがちである。いったん提供されたサービスは、それが「当然のサービス」になるまで大した時間を要しない。高度にサービス社会化したことによって、「自分は周囲に何ができるか」を考えることなく、自分の要求が叶うようになってしまった。それがクレーマーを生み出す素地になっている。**「ほどほどの暮らし」で満足する意識も必要だ。**他人の善意をむさぼるような社会にしてはいけない。

第三者がクレーマーになることもある

クレーマーになるのは、必ずしも当事者だけとは限らない。直接的には関係のない第三者がクレーマーとしてやってくることもある。

ある病院から「ひどいクレーマーに悩まされている」という相談を受けた。事案の概要としては、次のようなものだ。

ある病状で高齢の女性の治療をすることになった。担当医は、女性や家族に手術の説明をきちんとしたうえで手術を実施した。手術は問題なく終了して退院もできた。その後になって、女性の息子から「手術に問題があって母が痛みを主張している」という連絡があった。担当医は、治療になんら問題がないことを繰り返し説明したが、理解してくれない。事務局には繰り返し医師との面談要求ばかりがなされる。しまいには「医療ミスを認めないのはおかしい」ということにまでなった。

息子は、電話だけでなく、診察時間中に病院のカウンターに来ては、大声で面談要求をするようになった。そのたびに事務局長がなんとか場を抑えようとするものの、待合室にいる他の患者を威圧するかのように、一方的に面談を求めるばかりであった。

医師からは「事務局でうまく対応しておいてください」と指示されていたようで、事務局長も困り果てていた。担当医は、他の病院に移っていったものの、息子からの要求は不定期に続いていた。ほとほと対応に困り果てていた事務局長は、ある方の紹介で私の事務所に面談に来た。

こういったケースは、決して珍しいものではない。**とくに医療や福祉の分野では、当事者ではない家族などが感情的になってクレーマーになることがよくある。**内心では「あなたは当事者ではないでしょ」と言いたくなるが、言えばかえって刺激することになりかねないため、なんとなく対応してしまう。

最近は、採用した社員の親が本人に代わって会社に対して根拠のないクレームを執拗に述べてくることもある。ある人事担当者が「いったい誰を採用したのかわからない」と頭を抱えていたことが印象的だ。

こういった第三者は、事情もよくわからずに首を突っ込んでくるから対応に苦慮する。当事者は、とかく自分に都合の良いことしか周囲に話すことをしない。自分で情報を選択して自分にとってわかりやすいストーリーに仕立てあげたうえで誰かに提供する。そのため、聞いた側も「それが真実だ」と盲信してクレームを述べてくる。こちらが「それは事実ではありません。これが事実です」と説明すればするほど、「不誠実な態度」という批判を受けることになる。**誤解は周囲から否定されるほど、強固なものになってしまう。**

なかには当事者自身は求めていないのに、周囲がクレーマーとして不当な要求をしてくるケースもある。ある学生が自転車で歩行中の高齢者の女性と軽く接触した。女性は転倒してしりもちをついたが、擦り傷程度ですんだ。学生の家族が菓子折りを持って謝罪に行くと本人から「気にしないで」と言われた。「話はこれで終わった」と考えていたら、女性の子どもと名乗る者から「あれで責任を果たしたと考えているのか。どういう了見なのか」という批判めいた電話があった。本人は問題視していないのに、周囲が問題としてとりあげるパターンである。

こういった第三者が関与してくると、話し合いは感情論ばかりで空転しがちだ。まずもって誰が何をどのような根拠で要求してくるのかを固めなければならない。法的観点からすれば、家族だからといって何かを請求することが当然できるわけではない。交渉の窓口が本人のみならずこの第三者も含まれてくると問題解決がさらに難しくなる。

交渉はできるだけシンプルにしなければならない。第三者が根拠なく介入するときは、はっきりと「あなたは当事者ではないため、交渉の相手にはできない」と示す必要がある。それで相手が文句を言ってきたからといって対処していたら終わりがない。

このような場合、「なぜ、あなたが請求できるのかを書面で明らかにしてほしい」と回答するのもひとつの手だ。そんなことを言えば、相手がさらに感情的になることも予想されるだろう。それでいい。**こちらが「なんとなく話を聞いて終わらせよう」と曖昧な態度で対応することが問題を複雑化させる**。断るときは明確に断る。最悪なケースは、腫《は》れ物に触るようになんとなくズルズルと話し合いを続けることだ。

私の事務所では、第三者が介入してきたときは交渉の相手にしない。そのうえで調停といった裁判所の手続きを利用することがある。裁判手続においては、基本的に本人しか関与することができないので、第三者の関与を排斥することができるからだ。

ポイント！

- 近年は、「普通の人」がクレーマーになってしまうケースが多い。
- 過大なサービスの向上と期待が、クレーマー増加の温床となっている。
- 当事者ではない第三者がクレーマーになって要求することも増えている。

第2章

クレーマーからの要求を「断る仕組み」を社内につくる

「不当な要求には断固として応じない」というのは、経営者であれば誰しも口にする。それでも屈してしまうことがあるから、クレーマー対応という仕事がある。

クレーマー問題に悩む会社は、対処法を担当者個人の能力に依存していることが多い。その担当者が異動や退職をすれば、組織としてのクレーマーへの対応力が一気に減退することになる。このようなことを繰り返していたら、いつも場当たり的な対応しかできず、社員は知らず知らずのうちにクレーマーの用意した泥沼にはまってしまう。

経営者に求められるのは、属人的な対応を超えた〝仕組み〟としてのクレーマー対応を作りあげることである。

私の事務所では、クレーマーへの対処法を整理したコンサルティングを各地で提供している。このコンサルティングにおいてポイントになるのは、〝仕組み〟として対応できるように自社を組み立てることだ。「いかにしてクレーマーの発生を抑制するのか」「クレーマーが来たときにはいかに対処するのか」について組織で確立しておくことで結束を強め、事業を飛躍させることもできる。

そこで本章では、クレーマーに柔軟に対応できる組織づくりについて概略を説明していく。

最初は組織の方向性の統一である。クレーマー対応はとかく担当者個人の問題になりがちである。担当者でない社員にとっては「自分ごと」ではないため、本気になれない。これではいつまでも組織として対応することができない。クレーマーに組織として対応するうえでとくに重要になるのが「経営者の姿勢」である。経営者の姿勢ひとつで、組織の結束力に歴然とした差異が出てくる。

基本的な方向性を統一したうえで、組織内でのあるべき情報の共有について説明していく。組織としてクレーマーに対応するには、組織のメンバーが同じ情報を持っておかなければならない。ある人は知っているが他の人は知らないでは、クレーマーに対して同一の対応をすることができない。対応する誰もが同じ情報を保有していることが理想の組織だ。

情報を共有できる状況にしたうえで、クレーマー対応のマニュアルを策定していくことになる。マニュアルを作成することによって、誰もができるだけ同じような対応ができるようにする。ここでポイントになるのは、担当者個人の判断を要しない手順にしておくことだ。担当者が自分で判断しなければいけないとなると、過大な精神的負担を個人に強いることになる。

1 組織としての、クレーマー対策の方向性を統一する

～クレーマー対策を担当社員個人の問題にしてはいけない～

クレーマー対策の成否は、経営者の姿勢ひとつで決まる

クレーマー対応において最初に固めるべきことは、「経営者のクレーマーに対する姿勢」だ。ここが揺らいでしまうと、何をやっても砂上の楼閣になってしまう。

経営者のなかには、「不当な要求には応じない」と口にしながら、対応のわずらわしさから か、クレーマーの要求に安易に応じて解決しようとする人もいる。こういった態度であれば、より多くのクレーマーを引きつけることになる。

また、経営者は、クレーマー問題をとかく担当社員に丸投げしがちである。「不当な要求だから応じることはできない。しかし、顧客だから丁寧に断るように」では、何も指示し

ていないことと同じである。**顧客として大事にしつつ丁重に断るなど理想論であり、簡単に両立できるものではない。**それでも社長から具体的な手順の指示があればまだいい。単に「よく相手の話を聞いて」と言われるだけでは、担当者としても対処のしようがない。

クレーマー担当者を本当に追い込むのは、クレーマーからの罵声ではなく、会社から指示される「うまい解決」をすることができない自分へのプレッシャーである。現実には、経営者の曖昧かつ適当な指示が担当者を追い込んでいることが少なくない。

あるメーカーのクレーマー担当者は「社長は自分では何もしてくれない。もう辞めようと考えている」と話していた。彼はとても優秀だったが、クレーマー対応に疲弊して退職してしまった。このように経営者の姿勢が間違っていると、優秀な人から退職していく。

「なんとかうまくやっておけ」という指示ほど、担当者を追い詰めるものはない。

かつて、ある建材メーカーの経営者が担当者とともに相談に来所した。経営者が言ったのは、「担当者の対応が悪く、クレーマーの対処に困っているので、なんとかしてほしい」というものであった。経営者は担当者の対応についていろいろ批判した。担当者は総務部の生真面目そうな社員で、経営者からの批判をうつむきながらじっと聞いていた。

経営者の不満が一段落したところで、私は「すべての原因は、クレーマーに対する社長のスタンスでしょう。担当者の方はよく対応されていますよ」と明確に申し上げた。誰かの責任にしかできない経営者の下では、誰も働きたいと考えない。経営者は、なんとなくバツの悪そうな顔になった。担当者は何も言わず、うつむいていた。

繰り返すが、**クレーマー対応のレベルは、経営者の姿勢ひとつで決まる**。その他の要素は蛇足だ。経営者としては、「クレーマーを顧客から切る」という姿勢を明確に表明しなければ何も始まらない。

顧客第一主義における「顧客」とは、企業としてこれからも末永くおつきあいしたい人のことだ。カネさえいただければ誰でも「顧客」にあたるというわけではない。

そもそもクレーマーとして不当な要求をする人をいつまでも顧客として扱わないといけないとなると、担当者の負担は並大抵のものではなくなる。話を鎮めようとして安易に譲歩すれば、クレーマーは「自分は特別な存在」とのぼせてしまい、さらに過大な要求をしてくる。

「クレーマーに断固たる姿勢で臨む」ということは、顧客名簿から外す覚悟を持つことである。トップが明確な方針を打ち立てることで、はじめて担当者も毅然とした対応をすることができる。

これは弁護士にクレーマー対応を依頼するときでも同じである。私は、「うまく話をまとめてください」という中途半端なオーダーを断っている。少なくとも私の事務所には、そんな器用な対応をする能力はない。そもそも弁護士を立てた段階で、良好な人間関係を維持できることなど、誰も期待していないはずだ。

クレーマー対応は、社員のモチベーション、ひいては企業の存続に影響しかねない重要事項である。**そのため、クレーマー対応にはトップが自ら采配をとっていただきたい**。間違っても営業担当部長などに丸投げなどしてはならない。「面倒なことだから社長は丸投げした」という印象が組織に広がると、あらゆるものが崩れ始める。「社長は逃げずに対処している」という印象こそ、社内の求心力になっていく。

もっとも、トップが采配を振るということと、トップ自身がクレーマーと話し合うというのとでは意味が違う。**むしろ経営者は自らクレーマーと対面することをできるだけ避けるべきである**。経営者が直接対応すると、即時の判断をクレーマーから求められてしまうからだ。

これが担当者であれば、「社に持ち帰って検討します」と時間を確保することができる。クレーマーとの交渉の場には、決定権のある者が出席するべきではない。直接的なやりととりは、担当者に任せるべきだ。経営者はあくまでも担当者の背後でどっしり構え、戦局を見守ることになる。

ある食品加工会社では、担当者が7時間もクレーマーの自宅に事実上拘束された。帰ることも許されず、「覚書」という自社の責任を認める書面まで書かされていた。経営者は「大事な社員にこんなことをするなど許せない。どうかお願いします」と興奮気味に話していた。社長としての矜持《きょうじ》を感じた瞬間だった。

クレーマー解決の方向性を決める

第1章で、クレーマー対策が難しい理由のひとつに、「ゴールがイメージしにくい」ことを述べた。なんとなくクレーマーからの連絡がなくなれば、「とりあえず解決した」という意識になるかもしれない。もっとも、クレーマーはしばらく時間が経過してから再度言ってくるという可能性もある。

あるサービス業の会社の案件で、クレーマー対応を受任したことがある。クレーマーは苛烈なタイプであったため、会社の側からすぐに訴えを起こした。裁判ではこちらの主張が採用されていったんは終了となった。経営者も担当者も終了したということで安堵していた。しかし、1年後にまた同じような言いがかりをコールセンターなどに言うようになってきてしまった。クレーマーには「あきらめる」ということがない。

このように、クレーマー対策は明確なゴールを設定しにくいため、対応が迷走してしまう。なにより同一のゴールを社員が共有していないため、社員によって対応が異なり、さらに問題を複雑化させてしまう。したがって、**とりあえずであっても、ゴールを設定しておくことが迅速かつ統一的な対応のために有効である。ゴールを定めておくことで、組織として歩むべき方向性を共有することができる**。

そこで、暫定的なゴールの設定方法について検討していこう。

クレーマー対応に「勝ち負け」というものはない。「クレーマーからの要求を断る」ということと「クレーマーに勝つ」ということはまったく意味が違う。「クレーマーを懲《こ》らしめよう」と前のめりになると、かえってあげ足をとられてつまずいてしまう。**クレーマーからの言いがかりは、受け流してしまうことに尽きる**。受け流しつつ、自分たちの設定したゴールに至るように話を展開していくことになる。

ゴールとしてひとつの理想は、「相手と話がついて要求が収まる」ことだ。こちらにも何らかのミスがあって、やむを得ず金銭的な解決をする場合もあるだろう。こういうときには必ず合意書など解決したことのカタチを作るようにしておくべきだ。

クレーマー対応には決まった型というものがない。その場の交渉によりひとつの着地点を見出していくことになる。せっかく合意したとしても、クレーマーは口頭の約束を一方的になかったことにして、さらに要求してくることがある。

ある水産会社では、担当者のミスで相手に商品として問題のあるものを送付してしまった。相手からはとりあえずの損害として数十万円の支払要求がされた。対応を面倒に感じていた経営者は「これですむなら」と思って振り込んでしまった。すると、相手からは「あれでは足りない」と要求がさらに続くようになってしまった。**クレーマーの要求は、流動的で安定しない。だからこそ、二度と連絡が来ないようにカタチをはっきり作っておく。**

交渉をしてなんらかの合意に至ることができればまだいい。実際には、クレーマーからは過大な要求がなされる一方で、まったく話にならないということも珍しくない。話し合いにならないがゆえにクレーマーとも言える。

こういった場合のゴールは、「何もせずに放置する」というものだ。**「あえて何もしない」というのも立派な解決方法のひとつである。**

我々は、「紛争の解決」と耳にすれば、なんらかの合意をすることのように誤解している。

合意はあくまで問題解決のひとつの形態でしかない。合意のないまま、なし崩し的にうまくやっていることもある。クレーマー対応も然《しか》りだ。こちらから積極的に何かをしようとすれば、逆に相手から別の要求を突きつけられることもある。この繰り返しではいつまでたっても問題の解決にはならない。そこで「相手からの要求が明らかに不当なものであれば、あえて何もしない」という選択肢も検討する。

クレーマーにとっては、〝暖簾《のれん》に腕押し〟の状態がもっとも辛い。次の一手を検討することができないからだ。だからこそ、相手にしていなかったら「企業として無視するのか」「説明責任を何だと思っているのか」などと言い始めてなにかしらのレスポンスを無理にでも引き出そうとする。

このような挑発に乗る必要はない。「何もしない」というのは、一般の方にとっては心理的な負担になる。「何か反論しないと不利になるのではないか」という不安に襲われるからだ。しかし、クレーマーに対しては、レスポンスをしなかったからといって、何か問題になることは通常ない。会社としては「何もしない」という消極的な選択もあることを事前に社員に通知しておくべきだ。これが社員の不安解消材料になる。

最終的なゴールとしては、会社から訴訟に持ち込むこともある。クレーム対応では、話し合ってもまったく進展しないことは珍しくない。合意できないだけならまだいいが、執拗な電話や面談要求はいつまでも続く。これでは終わりがない。そこで訴訟に持ち込んで、相手の要求内容が正当なものであるか否かをはっきりさせることもひとつの方法だ。

訴訟のいいところは、最終的な結論が出ることだ。和解案が裁判所より提示されることもあるが、最終的に双方が和解を受け入れなければ、判決によって終わりということになる。クレーマーが欠席したとしても判決は出る。あとは判決に基づいた対応をすればいいだけのことだ。

仮に会社が経済的な支払いをしなければならないとする判決であれば、それに基づいて支払いをすればいい。判決に基づく支払いであるため、クレーマーの要求に応じて支払うものとは根本的に違う。「支払う必要がないものは支払わない。支払う必要があるものは支払う」というあたりまえのことを貫き通すだけである。

クレーマー対応の担当者を賞賛する文化をつくる

「クレーム対応が楽しくてしょうがない」という人にこれまで会ったことはない。相手がクレーマーだと精神的な負担が大きい。ある担当者は、あまりにも過重なストレスで「髪の毛が抜けた」とまで言っていた。「眠れない日々が続いている」と言う人もいた。担当者は本当に大変である。

これほどクレーマー対応は大変であるにもかかわらず、担当者の扱いがあまりにも雑な会社が多い。クレーマー対応はそれ自体が売上に直結するものではないため、経営者としても意識が向きにくい。企業が直面している複数のトラブルのひとつとしか認識していないために〝担当者に丸投げ〟ということになりがちである。

しかも中小企業では、クレーマー対応を専門にしている社員もいない。ぎりぎりの人員で回している中小企業においては、営業や総務の社員が兼任でクレーマーの相手をしていることが多い。本来の業務に加えてクレーマー対応までしないといけないとなれば、いくら時間があったとしても身が持たない。

とくにクレーマーの場合、こちらの都合をまったく考慮することなく、自分の都合で電話をしてきたり、面談を求めてきたりする。担当者としては、集中して何かをしたいときでも一方的に作業を中断させられることになる。あまりにも効率が悪い。

経営者は、担当者の業務量が過重になっていないかどうかをよく見極める必要がある。とかく経営者は、クレーマー対応をコミュニケーションが器用な部下に任せる傾向がある。

「この人であれば、うまく対応してくれるであろう」という期待から安易に任せてしまう。実際には、そういった社員は経営者から他の雑務も依頼されている。**あまりにも多くの業務を任せられてしまい、優秀であるがゆえにつぶされてしまうことがよくある。**

求められるのは、クレーマー担当者を賞賛する企業風土である。「がんばってね」「何かあれば相談して」と声をかけてもらえるだけでも、担当者にとっては力強い支えになるものだ。

あるメーカーでは、忘年会でクレーマー担当者を表彰していた。挨拶で担当者が「正直言って誰かに代わってもらいたい。でもこう評価されると言いにくい」と冗談めかして話していた。会社として社員を支えるというのは、こういった評価を確実にすることである。評価のなかには、金銭的な評価も含まれる。大変な業務であるにもかかわらず、いつまでも同じ賃金であれば、他の職場を探すのも当然であろう。

担当者を決めるときには、クレーマーから直接批判されている社員は外すべきだ。ある食品販売会社では、営業担当のAが発注ミスをして相手に迷惑をかけてしまった。この相手がクレーマーになって、Aのミスについて鬼の首を取ったように苛烈な要求をするようになった。経営者は、Aの成長を促そうと思い、A自身に対応させていた。

しかし、これが経営上の大きなミスになった。負い目を感じていたAは相手と冷静に話すことができず、いつのまにか自分のポケットマネーで解決しようとしていた。事情を知った社長があわてて私の事務所に相談に来た。このように当事者がクレーマー対応に直接関わると大抵うまくいかない。担当者はできるだけ無関係の人がいい。

無関係の社員でも、担当できるようになるにはクレーマー対応の体系化が求められる。「このときにはどうする」という一連のノウハウだ。

中小企業にはこういった体系がない。過去の経験から各自が無手勝流でなんとなく解決しているのが実情である。**ノウハウを誰かに教えることができず、担当が特定の人に固定化する傾向がある**。このように担当者が固定化すると、クレーマーを相手にできる人が社内にひとりしかいないということになる。「当社のクレーマー対応はこの社員」という社長の自慢は、周囲からすれば不安でしかない。この社員がいなくなれば、またゼロから担当者を鍛えていかざるを得ないからだ。

クレーマーは、サービスの高度化によりいっそう増えていくことが懸念される。これに対して時間をかけてゼロから担当者を育てるだけの余裕はどこにもない。経営者は、担当者を同時進行で複数名育てていくように計画するべきだ。複数名が育つことで、担当者に何かトラブルがあっても変更することができる。なにより特定の人にかかる負担を分散させることができる。

担当者を固定化せずあえて流動化させる。これによってノウハウを「伝える」というプロセスができてくる。この「伝える」というプロセスは、想像以上に難しい。**担当者はたいていの場合において感覚で対処しているところがある。感覚は言語化することが難しい。言語にならないものは伝わらない。**日本では「教え方」というものを教わる機会が圧倒的に不足している。先輩としても教え方がわからないために自分ですべて対応してしまい、後輩の育成につながらない。

だからこそ、経営者はノウハウの継承を事業計画のひとつとして明確にしておくべきだ。黙っていても自ずと次の世代に伝わっていくというものではない。

ポイント！

- 経営者は、クレーマーへの対応を担当者に丸投げしてはいけない。
- 経営者は、クレーマー対策に対する暫定的なゴールを設定しなければならない。
- 経営者は、クレーマー担当者を賞賛し、担当者を複数育成するべきである。

2　クレーマーに関する情報は、社内ですべて共有されなくてはならない

～クレーマー対策は情報戦！　情報が成否を握っている～

情報は偏在していく

理想的なクレーマー対応とは、クレーマーからの要求に対していかなる立場の社員も同じ回答と対処をすることだ。これこそが組織としての対応ということになる。
同じ会社のAとBが違う回答をすれば、違う回答をしたということが新たなクレームの火種になってくる。統一的な対応をするためには、末端に至るまでクレーマーとのやりとりについての情報が共有されていることが必要である。そもそも知らなければ対処のしようもない。

もっとも、情報には、意図的に共有するような仕組みをつくりあげておかなければ、企

業内で偏在する、という性格がある。情報の偏在が自ずと生まれてくるのは、伝達の過程において人間が関わるからである。

情報は、自分にとって都合のよいものもあれば、悪いものもある。悪いものについては、できるだけ隠蔽しようとするのが人間の性《さが》である。隠蔽とまでいかずとも、自分にとって不利なものにならないように解釈を変えたりすることがある。結果として正確な情報が共有されることなく、知っている社員と知らない社員が出てくることになる。

あるサービス業の会社では、社員であるAが相手に威圧されて賠償金を支払うということを伝えていた。あることがきっかけでAは更迭されてBが新たにクレーマーの相手をすることになった。Aから情報を得ていなかったBは、賠償金を支払うことなど聞いていなかった。クレーマーからの「会社として責任ある発言をしていないのか。人を馬鹿にしているのか」との言われなき批判をBは受ける羽目になってしまった。

企業の組織力は、クレームが入ってから経営者の耳に入るまでに要する時間に表れる。組織力のある会社は、人員の規模にかかわらず、あっというまに経営者の耳にクレームについての情報がありのままに入る。クレーム対応を一歩間違えれば、企業のブランドにも影響することをよく理解しているため、情報の風通しをよくする工夫をしている。

これに対して、組織力のない会社は、クレームの情報がなかなか経営者までやってこない。しかも情報が抜け落ちていたり、あるいは修正されていたりしている。

ある小売業の社長と総務部長がクレーマー対応で相談に来所した。社長に質問をすると、すべて総務部長に尋ねていた。総務部長にしても「担当が今日は不在で詳細はわかりません」という回答が多かった。「これではクレーマーの餌食になってしまうな」とつくづく感じてしまった。こういう会社は、社員が都合の悪い情報を言いにくい風土が形成されている。いくらクレーマー対策を講じたところで効果はない。

経営者は、都合の悪い情報だからこそ、社員が早く情報を上げるような仕組みをつくっていかなければならない。そのために必要なことは、ミスをしたこと自体を批判しても意味がない。ミスをしたことを批判すれば、誰しも自分のミスに関する情報を伝えるのが遅くなってしまう。重大なミスになればなるほど、伝えることを躊躇する。これではミスは隠蔽されるばかりだ。経営者が批判するべきは、ミスを直ちに報告しなかったことだ。**「報告すれば許される。報告しなかったら問題視される」という意識を社員が持てるかどうかが、情報共有におけるポイントになってくる。**

社員は、情報を共有することによって連帯することができる。こういった情報は、単にメールやチャットで一方的に社員に通知するだけでは「自分ごと」にならない。定期的に上司が部下に対してきちんと情報共有しているか、フィードバックするべきだ。人は、目の前の業務に時間を取られてしまうため、他の人が担当しているクレーマー対応までなかなか意識が向かない。無関心は担当者を追い込むので留意していただきたい。

また、情報の共有は、社員の連帯を促すときにはクレーマーによって悪用されることがある。クレーマーは、あえて少しだけ悪いことを担当者に強いることがある。担当者としては「このくらいで終わるなら仕方ない」と言えるような小さなことだ。

たとえば、ある事案では、担当者は会社のルールに反して、わずかばかりの金銭をポケットマネーで支払っていた。しかし、クレーマーは別に小銭が欲しくて担当者に詰め寄ったわけではない。目的は「会社のルールに違反した」という秘密の共有をしたかったのだ。**秘密の共有は、確実に担当者に後ろめたさを与えて、次第にクレーマーの言いなりになっていく危険な行為だ。**こういった秘密の共有が悪用されないためにも、あらゆる情報は白日のもとにさらして共有されなければならない。

情報を整理する

クレーマー対応は、情報戦の性格を有する。できるだけ早く正確な情報を手にすることで、クレーマーが何かをするにしても防御することができる。もっとも、情報はただひたすら集めればいいというわけではない。情報を具体的に活用するには、整理されていなければならない。

あるメーカーの担当者が、クレーマー対応のことで相談に来た。「資料はありますか」と質問すると、段ボール箱一杯の手紙、ノート、音声データなどを持参してきた。「証拠はあります。すぐに何らかの手立てを」ということであったが、これではどうしようもない。

一般的に弁護士は、複数の事案をかけもちして同時進行で処理している。私の事務所では、クレーマー対応も数件を同時に進めることがある。ひとつの事案にかけられる時間には自ずと限界がある。事案を解決するためにはできるだけたくさんの情報を目にしたいが、さりとて何ら整理されていない資料をひたすら提供されても、概要を掴むことすらできない。弁護士に迅速に対応してもらうためにも、情報を整理する姿勢を社内で確立していただきたい。

最初に確定してほしいのは、情報管理の責任者である。クレーマー担当者が兼務するのが一般的であろう。情報は分散するからこそ、情報センターとして機能する人を明確にしておく。

たとえば、コールセンターには、いろんなクレーマーからの苦情が持ち込まれてくる。せっかく担当者が電話を切ることができても、別の担当者が新たな電話を取ってしまい、またゼロから話が繰り返されることもある。ITシステムでクレーマー情報を共有していても、見落とすなどして統一的な対応ができないという悩みは尽きない。

アナログ的かもしれないが、誰かが情報の責任者として、すべての情報を集約しておくことが結果として効率的である。これは弁護士に依頼するときにも有効である。弁護士が対応に困るのは、人によって情報が異なるときだ。「それはわからないのでAに聞いてください」「BとCでは認識が少し違うようです」となると、いったい誰を窓口にすればいいのかわからない。事務所としては、1秒でも早く着地点を見出すことを目標にしており、スピード感のあるやりとりを期待している。事件処理のスピードを上げるために窓口をひとつに絞るようにしてもらっている。ちなみに、こういった窓口になった人のレベルで事件処理のスピードはまったく違う。

クレーマー対応は、相手に恐怖心を抱くことになりがちだ。そのため普段であれば冷静に話ができる人であっても、クレーマーからのプレッシャーでただひたすらじっと話を聞くだけになることも当然ある。

情報のやりとりは自分の心理状態の影響を受けてしまう。クレーマー対応については、「うまくやろう。なんとか自分で解決しなければ」などとはじめから考えないことだ。そんなに肩に力を入れていたら、緊張から余計にミスをしてしまう。しかも自分の些細なミスを、とんでもないことをしたようにすら感じてしまう。

ある女性がクレーマーに謝罪の電話をしたとき、相手の名前を言い間違えてしまった。クレーマーからは「お前は謝罪する気などないのだろう」と罵られたようだ。完全に気落ちして、上司に対しても泣くばかりだった。周囲からすれば、電話で名前を間違うことなどたいした問題ではない。それでも緊張感から大きなミスのようにとらえてしまって、自分を追い詰めることになるのが、クレーマー対応の怖さだ。「そのくらいのことで落ち込む必要なんてない。むしろ怖いながらもよく対応したね」と声をかけておいた。

こういうフォローは傷ついた社員を救うためにも大事だ。あとは会社から委任状をもらって、こちらでクレーマーに対応していった。担当者は「クレーマー対応はなるようにしかならない」というくらいの心持ちで十分だ。**「こうあるべきだ」という情熱は、ときに自分自身を苦しめることになる**。

緊張した状態であれば、正確な状況を記憶しておくこともなかなか難しい。こういうときには、とりあえず力を抜いてわかる範囲で情報を整理してほしい。情報を整理する際は、事実と感想を分けて整理してもらいたい。これが混在しているケースが多く、事後的に読むのにわかりにくい。

「突然クレーマーがカウンターにやってきて大声を出した。周囲に人もいたので対応が何もできず困った」というメモにしても、事実と感想が混在している。事実としてあるのは、以下のようなことだ。

①クレーマーがアポイントなくカウンターにやってきたこと
②クレーマーが大声を出したこと
③周囲に人がいたこと
④会社としての対応ができなかったこと

「困った」というのはあくまで主観だ。これくらいの単純なものであればいいが、実際には繰り返しクレーマーからの攻撃を受けることになり、次第に事実を見失って感想がメイ

図表1　プロセスシートの例

番号	日時	方法	内容	対処
1	令和元年7月1日	電話	配送した商品にカビがあったとして、苦情申し入れがなされる。	直ちに訪問日を調整する。商品の保管を依頼する。
2	令和元年7月2日	面談	ご自宅を訪問して謝罪するとともに、商品の確認を求める。商品は当方からの依頼に反して廃棄したとのこと。慰謝料を求められる。	商品がないということでいったん帰社した。
3	令和元年7月4日	郵送		事実確認ができないため書面にて対応不可であることを通知する。
4	令和元年7月5日	電話	慰謝料について再度要求される。	具体的な要求は書面で行っていただくよう伝える。

ンになってくることがある。必要なのは事実だ。

また事実は、可能な限り時系列で整理してもらえるとわかりやすい。クレーマーは、いろんな方法でアプローチしてくる。電話、メールあるいは面談などアプローチに応じて整理していたら整理することに疲れてしまう。「何が、いつあったのか」というシンプルな方法が利用しやすいし、イメージもつけやすい。

〈参考　プロセスシート〉

私の事務所では、相談を円滑に実施するために「プロセスシート」と称する上記のような時系列に基づいたシート（図表1）の作成を推奨している。時系列で整理されることによって弁護士としても事案の全体像を把握しやすい。

内容の欄には、クレーマーからの要求内容を中心に交渉内容の概略を記載する。対処の欄には、クレーマーからの要求に対して決定した会社の対応を記載する。

情報は発信するから集まる

組織としてクレーマーに対応していくときは、担当者個人が情報を保有するのではなく、組織として情報を集約していくことが不可欠である。しかも「情報を集めましょう」という声がけだけでは、個人の努力を促すだけで、たいていの場合うまくいかない。経営者としては、情報を集約するような組織の土壌を作っていかなければならない。

ビジネスの現場に身を置いていると、圧倒的な情報量を有して見事なパフォーマンスを見せる人に出会うことがある。自分の業務のみならず他業種のことについてもコメントすることができる。こういった人にはひとつの共通点がある。それは情報を発信することに積極的ということだ。ＳＮＳやブログなどで自分の手にした情報を積極的に開示している。

情報にはひとつの性質がある。「情報は発信されるところに集まる」というものだ。これは弁護士として実際に仕事をするなかでも感じるところだ。

たとえば、私の事務所では、ホームページやメルマガでクレーマー対応をはじめとした情報を提供するようにしている。そうすると「実はこんな問題で悩んでいます」という新たな悩みの声がやってくる。情報発信によって情報が集まるのは「ここなら話をしても大丈夫」という安心感があるからであろう。人は、安心できなければ自分の本心を告白することができない。仕事であれば、「変なことを言って周囲から批判されないか」と不安を感じれば、誰しも口を閉ざしてしまう。「何を話しても大丈夫だ」といかに部下に感じてもらえるかが大事になってくる。

部下に安心感を与えるには、上司が自分の失敗を話すことがもっとも効果的だ。「クレーマー対応でこういった失敗をして悩んでいた」「本当に大変だった」という自分のミスを赤《せき》裸々《らら》に語ることができれば、部下としても自分の対応に自信を持つことができるし、ミスをしても隠蔽せずに即座に相談できるようになる。

わかっていただきたいのは、担当者が本当に恐れているのはクレーマーではなく、対応に失敗したときの社内における自分の立場である。「ミスをしても会社は守ってくれる」という意識にならないと、担当者としても自信を持った対応をすることができない。

こういった安心感をベースにして「担当者との協議の場」というのを設定する。クレーマー対応の方針は、担当者に一任するのではなく、チームを組んで協議のうえ決めていくようにする。このときのチームの人数は3~5名くらいにする。

チームで協議する目的は、多角的な視点から事案を眺めることと、責任が特定の担当者に集中することを回避することにある。だからといって、単に人数を増やすだけでは、決定のスピードが遅くなるし、意見の集約をすることもできない。5名くらいが担当者は説明しやすい。参加者からの意見も求めやすい。頭数ばかり増やすと、参加者の当事者意識が希薄になり、担当者が孤独になる。

もっとも、こういったチームが機能するためには、メンバー相互の信頼関係が必要である。もっといえば、職場の人間関係が多分に影響してくる。中小企業においては、人員が限られているため、人間関係がぎくしゃくしたからといって、容易にメンバーを変更することができない。しかも、一部の社員同士の軋轢《あつれき》によって、職場全体が暗く沈んだ雰囲気になることも珍しくない。人間関係の悪化は自ずと周囲を巻き込もうとしてくる。

私の事務所では、労働トラブルを経営者側で担当している。そのなかで感じるのは、会社といっても、「個人と個人のつながりの集積」ということだ。複雑なシステムを導入しても、個人相互の信用がなければ、なにかしらのトラブルになってしまう。

こういった個人の信用というのは、事業の規模に影響しない。わずか数名の社員の会社でも人間関係がぎくしゃくしているところもある。逆に社員数が多くても自然なコミュニケーションがとれているところもある。こういった相違は、経営者と社員の距離の差でもある。経営者が社員一人ひとりの話をいかに聞いているかによって圧倒的な差が生まれてくる。

経営者のなかには、職場を明るくするために「もっと社員同士でコミュニケーションを」と熱く語る人もいる。しかし、経営者の情熱とは裏腹に、社員はしらけた視線ということも少なくない。コミュニケーションは誰かに指示されて成り立つものではないからだ。社員に何かを期待するのではなく、まず経営者が自ら社員に声をかけてみる。声をかけてもらえるだけでも人は安心することができる。

クレーマー担当者を安心させるためにも、「声をかける」というあたりまえのことを徹底していただきたい。待っていたら社員が本音を語ってくれるということはない。最初はぎこちなくとも、繰り返し声をかけ続けることで信用は生まれてくる。

私たちは、効率性を善として、あたりまえのように求め続けている。だが、人間同士のつながりに効率性を求めると、かえってうまくいかない。「この人を自分のためにうまく活用しよう」という利己的なスタンスが相手に伝わるからだ。

相手としては、自分は人ではなく道具としてとらえられていると憤りを感じてしまう。信用を得るには、あえて結果を焦らず、地道な活動を積み上げていくほかない。

ポイント！

- 経営者は、クレーマーに関する情報が直ちに耳に入る文化を醸成すべきである。
- 経営者は、クレーマーに関する情報が整理されている状態をつくるべきである。
- 経営者は、クレーマーに関する情報が自然と集まる仕組みをつくるべきである。

3 クレーマー対策は、現場に判断を求めてはいけない

～クレーマー対策マニュアルとクレーマーの定義を明確に定める～

担当社員の負担を軽減するにはマニュアルの作成が不可欠

クレーマー対応は、手間と時間をとられてしまう。経営者は「大変だ」と考えつつも、つい優秀な部下に「なんとかしておいて」と指示するだけで終わってしまう。なんともならないからこそ、部下は悩むわけだ。部下としては「なんとかできるなら社長がすればいいのに」という思いにもなる。実際、私の事務所に相談に来る担当者のなかには、クレーマーに対する不満と同じくらい、経営者に対する不満を口にしていた人もいる。

中小企業では、クレーマー対応のノウハウが蓄積されておらず、体系化もされていない。ある問題が発生したとき、担当者は周囲のはっきりしない意見を聞きながら自分なりに判

断して動く。自分の判断がプラスに働くこともあれば、マイナスに働くこともある。**担当者が本当に疲弊するのは、こういった「自分で判断しないといけない」ことへのプレッシャーだ。**自信もないままクレーマーに回答したら、自信のなさについてクレーマーにあげ足をとられてさらに追い込まれることもある。

クレーマー対応では、経営者の直属の部下が責任を負うことが多い。こういった立場の社員は、経営者と現場の橋渡しを受けもっているため、ただでさえ業務量が多い。そのうえで、部下からは「クレーマーへの対応はどうしたらいいでしょうか」との相談がひっきりなしにやってくる。しまいには相手からの「上司を出せ」との声にやむなく管理職として矢面に立つことになる。なんとも辛い立場だ。

こういった社員の負担を軽減するには、クレーマー対応のマニュアルを策定して共有しておくことが必要である。マニュアルというと、「形骸化」「柔軟性の欠如」などと批判されることもある。なかには「クレーマーなんていろんな人がいるわけだから、紋切り型の対応なんて意味がない」と口にする人もいる。

しかし、こういった批判は、マニュアルによる対応の意義を誤解している。**クレーマーのタイプが千差万別であるがゆえに担当者も対応に苦慮する。むしろ対処しやすくするた**

めには、できるだけこちらの用意したパターンにあてはめるべきだ。あてはめることでとらえどころのなかったものを自分の視点で見ることができるようになる。

マニュアルを策定するメリットは、なにより個人の判断から脱却して組織としての対応に移行することができることだ。中小企業では、とかく事業が属人化してしまう傾向が強い。こういった事業の属人化は、事業の規模の拡大に自ずと歯止めをかけることになる。どうしても「その人」ができる範囲に限界が来るからだ。

これはクレーマー対応についても同じである。事業規模が拡大すれば、自ずとクレーマーに出くわす機会も増えてくる。いつまでも「その人」に依存しなければならないとなると過重な負担で倒れてしまう。

ある通販会社は倍々ゲームで売上を伸ばしていたが、コールセンターの離職率に悩んでいた。いくら採用してもすぐに退職してしまい、スタッフ同士もギスギスした関係になっていた。そこで私の事務所にコンサルティングを依頼して、全員でマニュアルを策定していくことにした。半年後には相互に支援するようになり、「離職者がこの数カ月出ていない」と経営者からも喜ばれた。

こういった急成長をする組織では、とかく離職率など人材の問題で頭を抱えることが多い。組織の成長にスタッフ個人の成長が追いついていかないというわけだ。しかも経営者としては、なぜスタッフが成長しないのかわからず、「せっかくの勢いを活用できない」と焦る。経営者は「何を教えるべきか」についてはなんとなくわかっていても、「どうやって教えるべきか」について考えることがあまりない。とくにポイントになるのが、教える順番である。**何をどの順番で教えるかによって、社員の成長には圧倒的な差が生まれてくる。**漫然と教えるだけではいつまでも迷走する。

体系的というのは、その順番に思想があることだ。クレーマー対応のマニュアルを策定するときには、対応の順番について全員で考えて共有していく。スタッフとしても手順を知ることで「今自分がするべきこと」「これから自分がするべきこと」「自分がしてはならないこと」がわかる。こういった自覚こそが組織の成長につながる。しかもマニュアルに依拠することで、どのスタッフも同じ対応をクレーマーにすることができる。これこそ「組織に隙《すき》がない」というものだ。

私の事務所が推奨しているコンサルティングも、簡単に言えば、事前にマニュアルを策定していくというものだ。クレーマーに出会うたびに弁護士に依頼していてはきりがない。「いかにして相手がクレーマーにならないようにするか」「クレーマーになったとき、いかに対応するか」のマニュアルを策定し、できるだけ社内で解決できるようにするべきだ。私の事務所のコンサルティングは、あくまでマニュアルを自力で策定することが難しい企業をサポートさせていただくためのものである。

自社オリジナルのクレーマーの定義をつくる

企業のクレーマー対応のレベルを判断することは、たったひとつの質問で可能だ。それは「御社のクレーマーの定義って何ですか」だ。この質問ひとつで企業としてクレーマー対応にしっかり向き合っているかがよくわかる。

「クレーマーというのは、根拠なく不当な要求をする者だ」という定義は、わかるようでわからない。「不当」というのは、評価をともなうものであるから、人によってとらえ方も違ってくる。単に商品やサービスに文句を言ったからといって、「不当」とまでは言えないだろう。担当者は、クレーマーに対しては毅然とした態度をとりたい。**問題は、目の前の相手が毅然と断るべきクレーマーに該当するのか、誰も教えてくれないということだ。**

いかに注意していても、商品やサービスについてのクレームはやってくる。クレームは、相手の期待の裏返しでもある。クレームに対してきちんとした対応をすれば、企業のブランド力を上げてむしろファンの開拓にもなる。だからこそ、経営者はクレーム対応を最優先課題にするべきとも言われる。

もっとも、クレームの内容も様々である。根拠の明確なものもあれば、曖昧なものもある。一般の顧客からクレーマーまでは、まさにグラデーションのようなもの。**「顧客」と「クレーマー」の分岐点は、実際にははっきりしていない**（図表2）。はっきりしていないからこそ、担当者は「要求内容は無理があるが、顧客として切っていいのだろうか」と思い悩むことにある。**分岐点がないのだから、いくら悩んでも正解は出てこない**。それではいつもクレーマーに対して腫《は》れ物に触るような対応をすることになり、相手を一層のさばらせることになる。

分岐点がないのであれば、これは自社で作るしかない。「こういうことをする人はクレーマーであって、顧客ではない」というクレーマーの定義だ。こういった定義は、顧客として切るという判断をともなうものであるから、経営者自身が決定しなければならない。「顧客なのか、クレーマーなのか自分で決めろ」と社員に投げるのは無理を強いるものだ。どうしても「わからないから顧客として」ということになる。

ある住宅メーカーでは、クレーマーから営業担当者に1日に何度も電話がきていた。見

図表2　顧客とクレーマーの境界

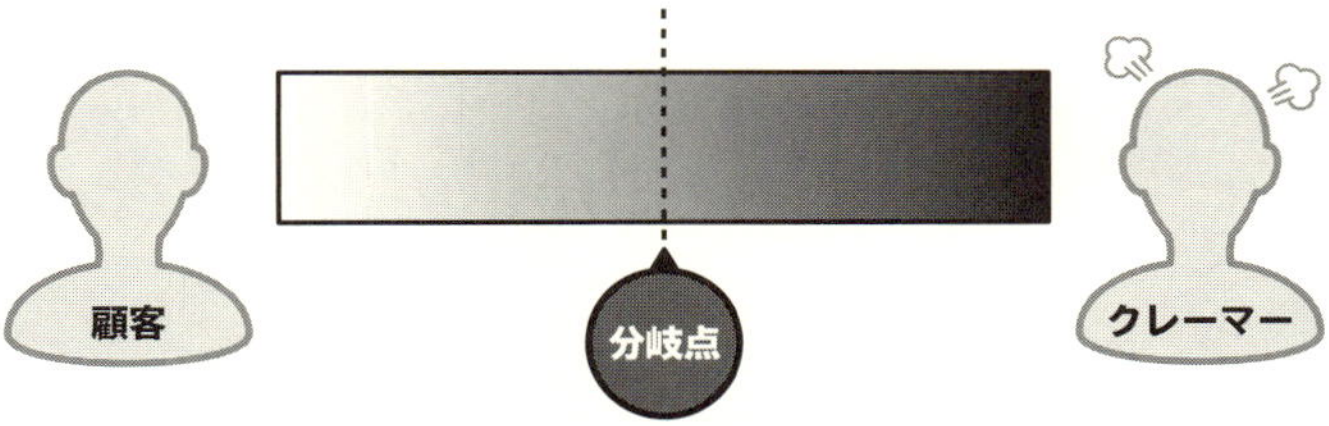

何をもってクレーマーと判定するかの明確な基準といったものはない。クレーマーと顧客の分岐点がないからこそ、経営者の判断で分岐点を作成する必要がある。

こういった分岐点に正解はなく、「設定する」ことに意義がある。判断基準は、行為の外形に着目した客観的なものにする。

かねた経営者が相談に来て「これってクレーマーの領域でしょうか」と質問をした。私は「それを決めるのが経営者としてのお仕事ではないでしょうか」と回答した。

クレーマーの定義に正解などない。一応は、社会的相当性を逸脱した内容・方法で要求してくる者とでも言えるだろう。さりとて、これも「何が社会的相当性なのか」と問われたらわからない。こういった曖昧なものは実務では役に立たない。**現場で役立つのはシンプルで誰でも理解できるものだけだ。**

そこで自社オリジナルのクレーマーの定義を作成していただきたい。担当者が簡単にクレーマーに該当するかどうかを判断できるようなシンプルな定義だ。担当者としても「これはクレーマーに該当する」と確信できれば、顧客として切ってもいいと覚悟ができて自信を持って対処することができる。

こういった定義は、あくまで自社の内部で共有するものであるから、内容についてこだわる必要などない。まして正解を求めようとしても無駄だ。むしろいかにシンプルなものにするかがポイントになってくる。

クレーマーは、その内容と方法において一般的な要求とは異なる。**そのため内容と方法というふたつの観点から客観的な定義をとりあえず作ってみるといい。**

客観的というのは、主張の内容に関係なく、外形的な行動から定義するということだ。「事実が不明の段階で金銭要求」「電話でこちらを〝お前〟と呼ぶ」「一方的に面談の日時場所を指定する」「1週間に5回以上電話してくる」といったものが各社のクレーマーの定義としてある。ご覧のとおり、担当者の判断を要しない極めてシンプルなものだ。個別の事情を考慮することなく、具体的な特定の行為を基礎にしているところがわかりやすい理由である。

我々は、なにかを定義づけるときに柔軟な運用を期待して解釈の幅を意図的に持たせるようにすることがある。こういった方法は、個人の解釈をともなうためにレスポンスに時間を要する。「これは定義に該当するのか」と考えている間にクレーマーからの執拗な要求は続く。**スピード感を持って対応ができるように曖昧な定義は放棄してクリアなものにこだわるべきだ**。クレーマーと考えていたが、実際には違っていたということもありうるだろう。そういうときには事後的にお詫びして、対応を微調整していけばいい。最初から確実性を求めていたら、クレーマー対応などできない。

定義を策定したら、これを社員に公表して認識を統一させなければならない。経営者の声で語られることで、はじめて社員も「もはや顧客として扱わなくていいのか」と安心感を手にすることができる。こういった安心感を与えることこそ、毅然とした態度をとるということの意味であろう。

冷静な状態を作り出すのに録音は重要

あたりまえのことだが、クレーマーはこちらが冷静に対応することを嫌悪する。冷静な判断をさせないために大声を出したり、即時の対応を求めたりする。簡単に言えば、こちらがあわてることなら何でもする。

プレッシャーをかけられた状況では、適切な判断をすることなどできない。**相手のこと**

を「怖い」と感じている時点で、もはや通常の話し合いは期待できない。それでも話を進めていかなければならないのが、クレーマー対応の辛さでもある。マニュアルを作成して統一的な対処法が確立していても、担当者が威圧されて冷静さを失ってしまうと、予定された対応をすることができない。

冷静な状態を作り出すために効果的な方法が会話の録音である。

ある食品会社がクレーマーの対処に困っていた。話をしていても何かでスイッチが入ると興奮して罵声を浴びせられる状況であった。会社にも落ち度があったために冷静に話し合って解決したいのに話が前に進まないというわけだ。そこで会話の録音をお勧めした。あえてテーブルの上にICレコーダーを置いて「会社の方針でお客様のお声を上司に正確に伝えるために録音させていただきます。ご入り用であればデータを差し上げますのでお伝えください」と一言触れてから会話してもらうようにした。

それからというもの、クレーマーからの大声はなくなった。経営者は「録音ひとつでこんなに変わるものですか」と驚いた。はっきり言って変わる。

人は、自分の発言に酔いしれて高揚することがある。いったん高揚し始めると、さらに高揚感を求めて激しい言葉を使うようになる。

このような高揚感を抑制するのが録音だ。人は、自分の声が録音されていると認識すると、「下手なことは言えない」と発言内容に気をつける。するとクレーマーとも冷静に話をすることができる。

このように録音をするのは、相手の不適切発言を抑止することが目的であるから、秘密録音などする必要はない。あえてテーブルの上にレコーダーを置いておけばいい。「秘密に録音したものは証拠に利用できるでしょうか」と質問されることが多いが、根本的にレコーダーの利用の仕方を誤解している。堂々と録音するからこそ意味がある。

こういった人間の心理は、クレーマー側もよくわかっている。クレーマーは、担当者を萎縮《いしゅく》させて自分を有利にするために、あえて自宅に担当者を呼びつけて一方的に録音する。**クレーマーだけが録音しているという状況は、担当者をさらに緊張させるため、避けなければならない**。そういう場合には、いったん会社に戻って改めて別の日時を調整するべきだ。

クレーマーから「勝手に録音するな」と拒絶されないためにあえてデータを提供すると申し出るといい。データを提供するとなると双方が同じ立場になるため、クレーマーとしても積極的に否定しにくい。

それでも録音を拒否するのであれば、「録音もできないようなご要望であれば、当社としても責任ある対応ができません。本日は失礼しまして、改めて方針をお伝えします」と言い放って帰ればいい。何を批判されても無理にでも帰ることが大事だ。ここで相手のペースに乗って、いつまでも同じ場所にいると「この担当者はプレッシャーをかければどうにでもなる」といった印象を与えることになる。

「そうはいってもなかなか録音を言い出せない」と苦笑いしていた人もいた。おそらく多くの人の本音であろう。誰かの発言を録音するとは、つまるところ言質《げんち》を取るようなものであっていい気はしない。それはコミュニケーションの根底にある信用への疑義である。

だが、このような中途半端な姿勢がクレーマー対応を難しくさせている点は否めない。**自分と会社を守るためには、言い出しにくくとも録音することを明確に告げるべきだ。**それでもめるなら、直ちに会社に戻って弁護士に依頼したほうが早いし安全だ。

こういった録音内容は、事後的な訴訟における有効な証拠にもなる。いくらカウンターで大声を出したと主張しても、証拠がなければ事実として認定されない。大声の状況が録音されていれば証拠として活用することができる。

このときの録音は、できるだけ最初の時点から開始してほしい。一部だけの録音となると、前後の文脈がわからず、かえって「なぜ一部だけなのか」が争いになる可能性もある。

慣れていない人が安易にポケットに入れて録音すると、生地の触れ合う雑音ばかりで肝心の話し声が聞こえないというときもある。秘密に録音するというのは、それほど簡単なことではない。

録音に利用する道具は、ＩＣレコーダーでもスマホでもなんでもいい。録音していることが相手に伝われば十分である。録音の意義を押さえて、冷静な話し合いの場を作るようにしていただきたい。

ポイント！

- ・経営者は、全社的なクレーマー対応マニュアルを作成すべきである。
- ・経営者は、担当者が判断できるように自社のクレーマー定義を定めるべきである。
- ・クレーマー対応に冷静な状態を作り出すには録音が有効である。

第3章

クレーマーへの〝しなやかな〟対処法

クレーマー対応で求められるものは〝しなやかさ〟だ。相手の要求をなんとか抑え込もうと力を込めるほどに物事はうまく運ばない。むしろ相手から何を言われても受け流すようにすれば、次第にクレーマーもあきらめてくる。

「相手に合わせつつ、さりとて応じない」というのがひとつの完成形のようなものだ。こういった矛盾する対応をいかに実現していくかは、あらかじめ準備して練習しておかないと簡単にできるものではない。

そこで本章では、クレーマーからの要求への具体的な対応について説明していく。基本的な姿勢は、「クレーマー対応における自分の意識を変えて、相手からのプレッシャーを逆に利用する」というものだ。相手のプレッシャーを利用することで、こちらに力がなくても受け流すことができるようになる。

こういったしなやかな対応をするときには、「相手と議論しない」ということをスタンスとしてはっきりさせておく。交渉に慣れていない人は、相手と議論して打ち負かすことが交渉の目的だと誤解している。打ち負かしてしまえば相手の顔に泥を塗ることになり、かえってヒートアップすることが目に見えている。私が弁護士としてクレーマーに対応する際も、目的は相手に要求をあきらめてもらうことであり、論破することではない。

一般の方は、丁寧に説明をすれば相手は納得してくれると考えがちだが、実際は違う。

いくら説明をしてもクレーマーが納得することはない。そのうえでどうやって相手の話を受け流していくかがポイントになる。

クレーマーと話をする際は、「相手の自尊心をくすぐる」ことが効果的だ。基本的にクレーマーは、自分に対して根拠なき自信を持っている。そういった自信を満たすためにクレーマーになっているという側面もある。

相手に対して「それは違います」と言うのは簡単かもしれない。しかし、いっそう相手の自尊心を傷つけることになる。むしろ「あなたのことは大事に考えています。良識のあるあなたがまさか不当なことを言わないですよね」というスタンスで臨むと、クレーマーも自尊心から発言を抑えるようになる。「相手が自分で自分を抑える」という状況をこちらで生みだしていくということだ。

ケースによっては、こちらから賠償しないといけない場合もある。そういったときに根拠もないまま金銭を支払うことがあってはならない。さらに要求がエスカレートしていく。とくに担当者は、「慰謝料」という名目で要求された場合、「本当に支払うべきなのか」「支払うとして相場はどうなのか」で悩んでしまうことになる。

このように金銭を支払うにしても、根拠と支払方法にこだわり、クレーマーとの関係を明確に断つようにしておかなければならない。具体的な手順について確認しておこう。

1 「説明責任」と相手の納得は切り離して考える

~「丁寧に説明すれば相手は納得する」という考え方を捨てる~

クレーマーは最初から相手を理解しようとしない

ある介護事業所の経営者と担当者が疲れ切った表情で私の事務所に相談に来た。事前に利用者からのクレーム対応で疲弊していると聞いていたが、表情を見れば苦労が滲《にじ》み出ていた。事案の概要は、利用者家族からの執拗なクレームだった。

ある利用者は、他の利用者との折り合いが悪くて、口論になることもしばしばだった。しかも、問題の利用者からは、職員に対する身体的接触などもなされていた。こういった問題行為が続いたため、施設としては、家族にやんわり事情を説明して協力を求めた。

しかし、息子は施設からの説明に激高し、「なぜ一方的にうちが批判されるのか。どこに証拠があるというのか。カネを支払っているのは誰だと思っている」とまくしたてるようになった。息子からの苦情は、ヒートアップするばかり。事情を繰り返し説明しても、一向に矛を収める様子がなく、利用者の横暴な振る舞いもさらにひどくなっていった。他の施設への移動も打診したものの、「引き受けたのだから最後まで責任を果たせ」と言われるばかりであった。八方塞がりでどうしようもなく私の事務所へ来所となった。

依頼を受けた段階で、直ちに息子と面談した。不当な要求を繰り返すため、「双方の言い分には大きな違いがあります。交渉とは、一方の要求を鵜呑《うの》みにするものではなく、双方が譲歩して合意を見出すものです。それが期待できないようですので、司法の場で判断を仰ぎましょう。ご自分の主張が正当だと判断されるのであれば、法廷で同様に話されるといい」と通告した。すると、あわてた息子は一気にトーンを下げて他の施設に移ることを了承した。

こういった相談は、医療あるいは福祉の分野においてとくに多い。経営者やスタッフは「なんとかして助けてあげたい」という情熱を抱いているため、相手がクレーマーでも丁寧に説明すれば納得してくれるはずと信じている。

しかし、クレーマーは、そういった善意をあえて利用する。**繰り返し丁寧に説明しても、**

一向に納得することはない。担当者は次第に「いったいどこまで説明をすれば終わるのか。説明しても無駄ではないのか」という虚無感に襲われるようになる。

「何度説明しても同じことの繰り返し」ということは、担当者であれば経験したことがあるだろう。こういった苦しみの根底には、説明と納得の混乱がある。我々は法的に説明責任を負担するときがある。職業倫理としてもしかるべきことを説明しなければならないという自覚を有している。我々は、何かを説明するときに「説明を適切にすれば、相手も納得してくれる」ということを当然の前提にしている。

しかしながら、説明と納得は根本的に違う。納得するためには、説明している側の話を理解しようという姿勢が求められる。一方、クレーマーの目的はあくまで自分の要求を実現するだけであって、相手を理解する姿勢などない。だからいくら丁寧に説明しても、納得して話が終わるということはない。クレーマーへの説明は、穴の開いたバケツで水を汲むようなものだ。どこかで説明を打ち切る勇気が必要である。

クレーマーは「説明責任」という言葉を悪用する。「それでは納得できない。説明責任を企業として果たせ」とよく口にする。我々も「責任」と言われると、硬直して冷静な判断ができなくなる。

クレーマーは、いくら説明をしても自分の要求に合致する内容が出てくるまで「説明に納得できない。説明責任があるでしょ」と永遠に批判を続ける。**クレーマーにとっては、「説明責任」という言葉は自分の要求を柔らかに、かつ確実に実現するための便利な道具にすぎない。**「説明責任」というのは、説明するべきことを説明するものであり、相手が納得するかどうかは別の問題だ。

相手の承諾が得られないのであれば、司法の場で判断してもらうしかない。どこかで区切りをつけないと終わりのない旅路につきあうことになる。普通の出来事であれば30分もあれば説明することができる。1時間もあれば十分説明することができる。さらに説明の時間をとっても同じことの繰り返しであろう。むしろ説明した内容にさらに些末な質問が続くばかりということになる。**何事もゴールを決めずに始めるべきではない。「ここまで説明したら終わりにする」というのを交渉のはじめの段階で社内の方針として決めておくべきだ。**

もっとも、事後的に裁判になったときを見越して、説明したことの証拠は確保しておく。いくら口頭で説明しても、法廷ではクレーマーから「そんな説明は聞いていない」と主張されることも予想される。担当者からは「信じられない。あんなに何度も説明してきたのに」と驚かれることがある。信じられない人もいるから裁判がある。

証拠としては、説明のやりとりを録音したものが一番わかりやすい。録音が難しいようであれば、口頭で説明した内容を書面にしたものを書留郵便で送付しておくことでもいい。書留郵便にしておくことは、「書類が届いていない」という弁解をさせないためだ。裁判においては、「これほど説明をしたのに納得してもらえず、不当な要求が続いた」と展開していくことになる。

クレーマーから執拗に説明を求められたら、逆に説明責任の範囲を明らかにするように指示するのも効果的だ。「さらに説明責任と言われましても、範囲がわからず当社としても責任ある対応ができません。何をどこまで説明をしたらいいのか書面にてお伝えください。社内で協議のうえ改めてお伝えします」と回答する。**クレーマー自身に範囲を決めてもらうことで回答の範囲を絞るようにする**。

さらにクレーマーが「そのくらい自分で考えろ」と反論すれば、「それならば当社としても説明するべきものがわかりません。これについては対応を終わらせていただきます」と言い切って無理にでも終わらせるべきだ。言いにくいようであれば書面で通知してもいい。対応すればするほど終わりがない。「説明」という言葉にとらわれてはいけない。

あえて交渉のリズムを崩してみる

交渉には一定のリズムというものがある。このリズムを握った側が交渉をコントロールすることになる。

クレーマーは、根拠のない要求について自信を持って述べてくる。そのため、クレーマーとのやりとりは、交渉のはじめから相手がリズムを握ってしまっている。担当者が「なんとなくやりにくい」と感じるのは、相手が交渉のリズムを握っているからだ。相手にリズムを握らせていたら交渉は進展しない。そこで、**あえて交渉のリズムを崩して、こちらのリズムを作るようにする必要がある。**

もっとも、いったんできあがったリズムを崩すのは想像より難しいものだ。戦略を練っておかないと、気がつけばもとのリズムで踊りだしていたということになりかねない。

リズムを変更するもっともシンプルな方法は、「担当者を替える」ことだ。クレーマー対応では、「クレーマー対担当者」という構造ができあがってしまう。担当者は、「責任」という名のもとで最後までやり遂げることが当然の義務のようになっている。しかし、**事業においてやり遂げるということは大事な力であるかもしれないが、「クレーマー対応」とい**

う観点からすれば適切ではない。

クレーマーは、相手を呑み込みやすいと感じれば、徹底的に個人を追い込んでくる。そういうときは、とにかく担当者を変更することだ。クレーマーは、せっかく構築した関係がつぶれるのを嫌がるので、「なぜ勝手に担当者を替えるのか。おかしいだろう」と言うことがある。なかには前任者の携帯に電話して、「お前も男だったら最後まで対応したいだろう」とプレッシャーをかけてくることもある。

しかし、そんなことに応じる必要はまったくない。こちらはあくまでも組織として対応している。相手の同意なくして担当者を変更しても問題ない。むしろクレーマーが前任者にこだわりを持っているのであれば、なおさら担当者を変更する必要がある。それでも話がうまくいかないときには、弁護士に依頼する。窓口を担当者から弁護士に変更することで、リズムをガラリと変えることができる。

もっとも、あらゆるクレーマーに対して担当者を変更するというのはなかなか難しいものだ。現実には、担当者を変更できるほどの人員が用意できない企業もあるだろう。そのため、できれば交渉のはじめからこちらでリズムを握りたい。

そこでクレーマーのリズムを崩して、こちらのリズムに持ち込む方法について説明しよう。それは〝実体のない謝罪〟だ。

クレーマーは、基本的に臨戦態勢で電話なり面談を求めてくる。頭の中では「会社がこう言ってきたらこう切り返そう」というイメージを持っている。そういうときに会社が弁解や説明を始めてもうまくいかない。むしろ「反省をしていないのか」とさらに過激な発言が続くだけだ。

クレーマーに対しては、決して議論を挑んではいけない。議論になった時点で負けだと思っていい。いかにして相手の言い分を受け流して、肩すかしをくわせるかが重要になってくる。肩すかしをくうと相手もリズムを崩す。この肩すかしの技法として謝罪を位置づけていく。

あるメーカーの担当者に謝罪を勧めたら「事実を認めることになって不利になりませんか」と質問されたことがある。**謝罪をしたからといって、直ちに事実を認めたことにはならない**。円滑なコミュニケーションのためには、事情がわからない段階でも謝罪することが一般的であろう。

たとえば、交通事故を起こしたら、事情がどうであれ「大丈夫ですか。すみません」と声をかけるのが普通だろう。裁判所も「すみません」と言ったからといって、それだけで

「あなたにすべて過失があります」と認定することは考えにくい。

クレーマーに対しても同じだ。とりあえずこちらが謝罪すれば、相手の予想は外れる。謝罪されると、むしろ声高に何かを言うことがはばかられるようになる。「自分は尊重されている」と感じてもらえれば、リズムをこちらで握ることができる。

ここですべき謝罪とは、具体的な事実に関するものではない。そもそもクレーマーから一報が入った時点では、事実について不明な部分が多々ある。具体的な事実について謝罪してしまうと、それこそ事実を認めたようにとらえられかねないので、事実についてはあえて言及するべきではない。

謝罪のなかには、具体的な事実とは関係のないものもある。

「大切な○○様に不快な思いをさせてしまい、申し訳ありません」

「わざわざ○○様にご連絡をいただくことになり、申し訳ありません」

「○○様へのご連絡が遅くなり、申し訳ありません」

こういった謝罪を最初に口にすると、意外と相手のトーンが下がってくる。いずれも意味があるようでない謝罪であるが。ポイントとしては、謝罪の言葉のなかに相手の名前をしっかり入れることだ。

人は自分の名前を呼ばれると我に返りやすい。しかも「自分は大事にされている」という印象を与えることができる。そのうえで具体的な事実とは関係のない謝罪を述べることになる。

こういった謝罪のフレーズはいくつか事例をまとめて社内で共有しておくといい。ある通販会社では、電話の横に付箋《ふせん》にして貼ってあった。ここにも担当者の判断を要しない工夫がされている。

あえて相手に解決策を求める

相手と勝負をすることと相手とのトラブルを解決することはまったく意味が違う。それなのに、実際は問題の解決を勝利することだと誤解して事に当たっている人が少なくない。とくに弁護士に依頼するとなると、勝負をしかけるという意識がさらに強くなる。

ここで深呼吸をしてほしい。誰かと人間関係でトラブルになって、勝ったとか負けたとかで満足して終わったことがあるだろうか。仮に裁判で勝ったとしても、人間関係が壊れてしまって、気まずい感情のしこりが残るだけだ。

それはクレーマー対応も同じで、できればソフトランディングで終わらせたいところだ。

さりとて、クレーマーは自分勝手な要求を突きつける。上司からは「そんな要求には応じられない」と指示がくる。担当者はどうやって解決策を見出せばいいのかわからなくなる。

こういうときは、**自分ではなくむしろクレーマー自身に解決策の提案を求めてみるのもひとつの手だ**。人は、自分が口にしたことは守ろうとする。問題はいかにして会社が受け入れ可能な解決策を提案してもらうかだ。

こちらから積極的に提案しても、クレーマーに拒否されるのは目に見えている。さりとてクレーマーに任せるだけでは容易に受け入れることができない提案しか出てこない。そこで、ちょっとした交渉のコツをご紹介しよう。

最初はクレーマーには受け入れがたい解決策を提案する。極端な話、「○○様のご要求にはすべて応じられません」という内容でもかまわない。もちろんクレーマーは憤って、「ふざけているのか」ということになる。これでいい。そこから話を始めていく。

ここで担当者には「実は私も困っています。なんとか○○様のお気持ちに添いたいのです。ですが会社からは応じられないと言われています。私も社員ですから上司からの指示には従うほかありません。双方にとって受け入れやすい解決策にはどのようなものがあるでしょうか」と回答してもらっている。

クレーマーからは「それくらい自分で考えろ」と言われるが、同じことを続けていると、少しだけ譲歩された提案がなされてくる。**このわずかな譲歩こそ、交渉の潮目が変わった瞬間である。**いったん相手が譲歩すれば、交渉としてさらに譲歩を求めることが容易になってくる。ダムの決壊のようにひとつ穴が空けば、一気に崩れ始める。

ポイントは、担当者が「なんとかクレーマーに寄り添って解決したい」という意思を持っていることを示すことだ。**相手とは対立する関係ではなく、問題解決の意味においては同じポジションにいることを明確にする。**そうすることで、クレーマーに「担当者個人を責めても問題の解決にはならない」という意識を持たせるようにする。クレーマーに仲間意識でも持ってもらえれば幸いである。

このとき会社は、クレーマーと担当者にとって共通の敵のような位置づけになる。**人は、共通の敵を設定すると信頼が生まれてくる。**信頼が生まれてくるからこそ、クレーマーは、担当者を助けるために譲歩することを考えるようになる。クレーマーにとっては、「自分も解決に協力しなければならない問題」になる。もちろん担当者が本当に会社を責めるわけではない。あくまでも交渉のテクニックである。

最初にクレーマーに受け入れがたい提案をするのは、「いったん自分で拒否した」という事実を作るためである。担当者は「拒否したのですから、他の代替案をください」と言いやすくなる。クレーマーとしても、拒否するばかりでは話が進まないため、どこかで代替案を提示してくるようになる。ここは焦っても仕方ないので、時間をかけて様子を見るほかない。**提案のボールはいつも相手に持たせるようにしておくべきだ。**

ある飲食店のクレーマーは、担当者のミスを理由に慰謝料を請求してきた。それに対して担当者は「会社の指針としてお支払いできません。なんとか解決する方法はないでしょうか」と逆に求めていった。最終的には店舗のクーポン券を渡しただけで終わってしまったそうだ。おそらくクレーマー自身もいったいなんで終わってしまったのかよくわかっていないだろう。この方法では「たしか最初に会社からの言い分は拒否したはずなのに」という違和感だけがクレーマーに残る。

もちろん、この方法がすべてのケースに適用できるというわけではない。なかには効果のないクレーマーもいる。そういう場合にはあきらめて弁護士に任せることも検討するべきだ。**あきらめも立派な経営判断である。**

クレーマー対応はすべて自分で対処することが正しいこととは限らない。クレーマー対応にともなう精神的な負担や労力を考慮すれば、費用がかかっても弁護士に依頼するほうが手っ取り早いときがある。自社で対応する範囲というものを社内で共有しておくべきだ。

ポイント！

- ・クレーマーが多用する「説明責任」という言葉に縛られてはいけない。
- ・クレーマーの交渉のリズムを壊して、こちらのリズムに引き込むようにする。
- ・あえてクレーマーに解決策を提案させることで譲歩を引き出す手法もある。

2 クレーマー対応は、相手のプレッシャーを利用する

〜「訴えてやる」と言われたら、解決のチャンスととらえよう〜

クレーマー対応は結論を急いではいけない

現代においてスピードはひとつの価値だ。私の事務所でも、スピード感のある事案の解決にこだわっている。ただし、ことクレーマー対応に関して言えば、スピードを意識しすぎると、かえって問題を複雑にさせてしまうことがある。

ある飲食店では、「提供された定食で家族全員の体調が悪くなった。治療費と慰謝料を支払え」という苦情が罵声とともに電話でやってきた。「今夜の午後8時に自宅に謝罪に来い」という指示も一方的になされた。あわてた店長は、社長の指示のもと、菓子折りを手に相手の自宅に謝罪に行った。わけもわからないまま罵声を浴びせられて、3時間以上も

帰宅させてもらえなかったそうだ。私への相談内容は「本当に賠償しなければならないのか」というものだった。思わず「問題点の設定が間違っています」と回答した。

この事案には、いろんな問題点がある。相手から言われるまま夜にひとりで訪問したことも問題だ。しかも具体的な方針も定まらないまま訪問している。そして最大の問題は「事実関係がはっきりしないまま、賠償の話に及んでいる」点である。

クレーム対応の鉄則は「事実の確認から始める」ことである。何が、いつ、どのように発生したのかを確定させなければ、対応のしようがない。そんなあたりまえのことがクレーマー対応では抜け落ちていることがよくある。相手が興奮しているがゆえに、早く手仕舞いにしたいと考えて、事実確認が不十分なまま話を進めてしまう。結果として相手のペースですべてが動きだすようになってしまう。

私の事務所は、中小企業の経営者を対象にしたサービスを中心に展開している。**中小企業は、大企業のミニチュア版ではなく、独自の強さを持った存在だ。**そのため、「社長法務」と名づけた独自のリーガルサービスを提供させていただいている。

中小企業の強さは、なんといってもスピード感である。経営者の判断ひとつで組織が同じ目標に向かって動きだすことができる。できる経営者ほどスピード感を大事にしている。

しかし、逆に言えば、**できる経営者ほど、クレーマー対応でもスピードを意識しすぎて、こけてしまう**。クレーマー対応は、相手が独特なのだから、こちらのペースだけで物事を動かすことはできない。スピードを過度に意識すると、即断即決ということになる。冷静さを欠いているときの即断即決ほど危険なものはない。自分の判断が即断であることすら気づかなくなる。

だからこそクレーマー対応には、決裁権限を有する経営者が交渉の当事者として出て行ってはならない。「トップだからここで結論を出せ」と言われてしまうと、「ひとまず帰社して」とは立場上なかなか言うことができない。間違ったことを言ってしまった場合、事後的に撤回することも容易ではない。直接のやりとりはクレーマー担当者に頑張ってもらうほかない。

クレーマーからの要求が出たときは、その場で決定してはならない。必ず「自分には最終的な権限がないためにいったん持ち帰ります。ここで了承して事後的に撤回となればかえってご迷惑をおかけしますから」と言って戻るべきだ。

なんとなく受け入れやすい提案であっても、当事者であるがゆえに見落としているところもある。事実確認が不十分なまま、解決の方法だけが検討されていることが少なくない。

安易に「ではこれで」と回答してしまうと、話が一気に進んでしまい、事後的に撤回することができなくなることもある。最終的な判断については慎重であるべきだ。不安であれば、弁護士に意見を聞いてから判断するべきだ。

事実確認の**見落とし防止を図るためには、他の社員に状況と方針を説明して意見を求めることだ**。クレーマー担当のように過重な負担を強いられる人は、どうしても「できるだけ早く終わらせたい」という意識が前のめりになってしまう。そういうときは自分ではない他の人に客観的な意見をもらうほかない。いくら自分で落ち着いて考えてみても、プレッシャーからいつものように判断できるとは限らない。

まずクレーマーの要求内容を固める

ある介護事業所からの相談である。「相手のお嬢さんが、いったい何を要求しているのかわからないのです。はじめは謝罪を要求。これに応じたら慰謝料。断ったら態度がなっていないというので謝罪。そして最後はお金の問題じゃないと。もう何を要求しているのかさっぱりわかりません」と施設長が絶望的な表情で来所した。

クレーマーの要求内容が定まらず、翻弄される担当者は少なくない。しかも最終的には金銭要求を求める者に限って、「お金で解決できるものではない」と豪語してくる。ある担当者は「それならお金のお話はなかったことにさせていただきます」と答えて、「ふざけているのか」と言われた。もっともなことを指摘して怒られるのだから、たまったものではない。

クレーマーは、会社から何を手に入れることができるかわかっていない。わからないからこそ、要求内容を曖昧にしておく傾向がある。自分で「これが要求内容だ」と特定すると、自分で要求の上限を設定してしまうことになる。これがクレーマーには耐えられない。「うまくやれば、あれも手に入れることができたのではないか」という後悔をしたくない。

クレーマーは、意図的に曖昧な要求をして、会社の出方を見ることになる。「弱い感じの担当者であれば、もう少し要求内容を高めてみよう」「いきなり弁護士が出てきたら、さらなる要求は控えておこう」などといった判断をしていくことになる。ケースによっては、要求すらせず、ひたすら電話や面談で苦情を続けてくる者もいる。

ある食材販売店では、店員の軽微なミスからクレーマーの対象になってしまった。クレーマーからは執拗な電話がなされて、担当者も疲弊していた。しかも会社の不誠実な態度を罵るばかりで具体的な要求がない。要求内容を聞いても、「別に何かを求めているわけではない。それではまるでクレーマーのような言いがかりだ。こちらは会社としての誠意ある態度を求めているだけだ。子どもではないのだから、やるべきことはわかるだろう」と言い放つばかりだった。そこで私の事務所に相談に来所した。

経営者からは「金銭的な解決をこちらから提示するべきでしょうか」と質問された。「それは相手の期待通りの対応でしょう。たぶん考えられる最低の対応です」と回答した。

クレーマーのなかには、具体的な要求はしないまま、「誠意」あるいは「真摯」といった誰も否定できない言葉を繰り返す者がいる。こういったクレーマーは、交渉に相当慣れている。会社が金銭を支払っても、「自分は誠意を求めただけで金銭を求めたことはない。会社が自分の判断で持ってきたにすぎない」と弁解されてしまう。これでは会社としても恐喝されたとは言いにくくなる。あくまで「会社が自分の判断でカネを持参したにすぎない」という外形を作るため、抽象的な言葉に固執する。

クレーマーを交渉の土俵に上げるには、まず要求内容を確定させなければならない。抽象的なやりとりを続けるばかりでは、ディフェンス側として反論するべき論点もわからない。相手の要求が判然としない場合には、「申し訳ありません。ご要望の内容を具体的に教えていただけますか」とはっきり質問する。できれば「上司に正確に○○様のご要望を報告したいと考えております。そのため、書面にてご要望を提示していただけないでしょうか」など書面での提出に持ち込むといい。

書面で提示してもらえれば、それが相手の主張として固定化するので、対応方法を具体的に検討することができる。あるケースでは「なんで被害者であるこちらが書面を出さないといけないのか。書面を出したら必ず対応してくれるのか」と詰め寄られた。こういうときは、「ご要望を正確に把握しなければ、当社としても対応ができません。ご要望に添うことができるかどうかはいただいた内容によります。この場で即答を求められるようであれば、会社としても対応できません」と明確に断る。

なかには「何かを求めているわけではない。誠意を見せてほしいだけだ。わかるだろう」と言い続ける者もいる。こういうタイプには「誠意と言われても内容がわかりません。金銭的要求のことでしょうか」とあえて言い返すことが効果的だ。相手としては、曖昧に回答したいから、具体的な回答に持ち込まれるのを嫌がる。相手が興奮して話し合いにならないのであれば、「こちらとして失礼なことを申し上げたつもりはありません。あくまでご要望を正確に把握したいだけです。それに応じていただけないのであれば、対応しかねます」として交渉を打ち切ればいい。

いずれにしても相手の要求内容が曖昧なままで対応をしてはならない。

クレーマーの「訴えてやる」に意味はない

ある建材店の経営者と担当者があわてて相談に来た。クレーマーの要求を断ったら「そんな不誠実な態度は許せない。企業としての姿勢を疑う。弁護士に相談したらおかしいと言われた。こちらとしては訴えることも考えている」と言われたそうだ。「訴える」という言葉を聞いて、経営者も担当者も冷静な判断ができなくなっていた。

それに対する私の回答は「よかったです。問題は終わりました」というものだ。テーブルを挟んで座ったふたりは「何を言っているの」という目でこちらを見ていた。

誰しも争いごとがあれば、話し合いで解決したいと願っている。だが、すべての案件が話し合いにより解決できるとは限らない。だからこそ、「訴訟」という強制力を持った問題解決のシステムが社会には設置されている。

民事裁判は、あくまで当事者間のトラブルを解決することを目的としている。訴えられることでいい気はしないだろうが、訴えられたからといって、自分が不利な立場になるわけではない。誰が何を求めて訴えるのかは、個人の自由である。こちらが「訴えないでください」と懇願しても、相手は訴えることができる。むしろ**「訴えないでほしい」と弱腰になると、クレーマーにつけ入れられる。**「○○様が訴えられるかどうかについて、こちらとして意見を述べる立場にはありません。訴えられましたら、こちらとしても粛々と対応させていただくまでです。訴えられるのであれば、これにて話し合いは終了させていただきます」という回答がいい。肩すかしにあわせるのだ。

弁護士からすれば、訴訟になれば問題はかなり解決に向けて前進した気がする。クレーマーとの個別の交渉を離れて、裁判のルールに基づいて事案を進展させることができるからだ。クレーマーに直接対応することは、担当する弁護士にとっても精神的負担となるものだ。それから解放されると考えれば、ずいぶん気が楽になる。**もしも「訴えてやる」と言われたら、交渉を打ち切ることができるチャンスと考えてむしろ喜んでもいい。**

問題は、実際にクレーマーから訴えられることはめったにないということだ。少なくとも私は、クレーマーに訴えられて会社が倒産したという話を耳にしたことがない。

クレーマーは「訴えてやる」と言いつつも、実際には訴えないところにひとつの特徴がある。クレーマーは、自分の要求が実現することがすべてである。それが法的な根拠に基づくものであるかどうかに興味はない。「訴えてやる」という発言も担当者にプレッシャーをかけて自分の目的を実現するためのひとつの技法でしかない。

こういったクレーマーは、いつも「自分」というものを中心に物事をとらえる。訴訟において第三者が何かを終局的に判断するということが耐えられない。安易に訴訟をして敗訴すれば、自ら要求の機会を失ってしまう。敗訴しつつ要求すれば、脅迫や恐喝との批判を受けるリスクも出てくる。クレーマーとしても、「要求することが禁じられる」というリスクをとるわけにはいかない。

訴訟になれば、クレーマーは自分の要求内容の根拠を法律に基づいて主張し、かつ具体的な証拠を自ら用意しなければならない。要求は、もともと根拠薄弱なものが多い。しかも証拠は、客観的なものはなく、自分の言い分しかないということも珍しくない。これでは訴訟に耐えられず、敗訴になる可能性が高い。そのため「訴えてやる」と言いつつも実際に訴えることはしない。

仮に会社が訴えられたら、あとは弁護士に任せるなりして粛々と対応していけばいい。**訴訟のなかで会社にミスがあるとして損害が認定されたのであれば、その認定された損害を支払うだけのことである。しかも実際には、相手に対する支払いも加入している保険でカバーされることも少なくない。**裁判所が相当と判断したものであるから、会社として支払うことに抵抗もないだろう。

クレーマーのなかには、「この件で弁護士に聞いてみた」というフレーズを利用する者もいる。一般の人からすれば「弁護士」という言葉を耳にするだけでなんとなく緊張するかもしれない。しかし、それこそクレーマーが意図する効果である。

クレーマーが「弁護士に相談した」といっても実際には怪しいものだ。「どちらの弁護士ですか。正式に依頼されたのですか」と質問してみるといい。たいていの場合、名前は出てこない。実際には無料相談で話を聞いてみただけかもしれない。あるいは実際には相談していないのかもしれない。

あたりまえのことであるが、弁護士に依頼すれば、その費用はクレーマーが負担しなければならない。弁護士費用をかけて敗訴することは、クレーマーとして受け入れがたい。弁護士からしても、明らかに不当な要求をしている者の依頼を受けることは普通はありえない。安易に受任して事件がうまく進展しなければ、自分にクレーマーの矢が飛んでくる可能性もあるからだ。仮にクレーマーに弁護士がついたとしても、何もあわてる必要はない。むしろ弁護士がついて冷静に話し合いができると前向きにとらえるべきだ。

「訴えてやる」と言われたら、「どうぞ」というくらいの気持ちでとらえてほしい。「訴えられないためになんとかしないといけない」と感じた時点で、相手の思うように動いている。

ポイント！

・クレーマー対応については、スピード解決を意識しすぎてはならない。
・クレーマーの要求内容が曖昧なままで、対応を進めてはならない。
・クレーマーの「訴えてやる」は問題解決のチャンスと考えるべきである。

3 クレーマーから損害賠償を要求された場合の考え方

~いったんカネを払ってしまうと、際限なく払い続けることになる~

金銭による解決は本当の「解決」ではない

クレーマーは執拗に関わってくるため、担当者としても「どうにかしたい」と考える。もっとも手っ取り早い解決方法は、金銭的解決である。

しかし、「いくらか支払って、この地獄から逃れることができるならば」と安易に考えることは危険だ。**もっとも簡単な方法は、もっとも危険な方法でもある。**「クレーマーをカネで解決させる」のは最悪な選択であって、本質的な解決にはならない。

いったんカネで解決してしまうと、あらゆるトラブルをカネだけで解決する社風が次第にできあがってくる。そんなことをしていたら、あっという間に会社の資産がなくなる。しかも「うちの社長はいつもこれだ」と社員のモチベーションも次第に下がってくる。

カネとはおそろしいもので、いったん使いだすと「使うこと」があたりまえになってくる。カネに頼らないクレーマー対応のノウハウも蓄積されない。クレーマーは、会社がカネを出すことがわかれば、できるだけ多く手に入れようと知恵を絞る。いったんカネを受け取っても、「あれも損害だ」と事後的に指摘して、さらなる要求を突きつける。会社としても「カネで解決した」という後ろめたさがあるため、言われるがまま支払いに応じることになりかねない。

ある建材メーカーの営業担当者は、納品されたものがイメージと違うとクレーマーから指摘された。担当者は事前に確認しており、間違いはなかった。上司からは「クレーマーからの賠償要求など断れ」と指示されていた。しかし、何度断ってもクレーマーは、担当者個人への攻撃をやめなかった。上司も相手にしなかった。

担当者は「カネで離れることができるなら」と自分のポケットマネーから支払った。これが運のつきで、クレーマーからの要求はさらに過激になって、担当者は一層苦しい状況に追い込まれた。どうしようもなくなった担当者は、上司にありのままを報告した。あわてて私の事務所に相談ということになった。その上司は「会社のルールとして金銭的解決はしないと言っていました。彼が勝手に自分で支払ったのはルール違反です」と言った。その指摘は正しいが、問題の本質を理解していない。

担当者は、会社のルールに反して行動したのだから、もちろん批判されるべき立場にある。しかし、その上司も具体的な指示をすることなく、漫然と会社のルールを語るだけだったのであれば、同じく批判されるべきである。誰だって袋小路に至れば、安易な解決策を模索するものだ。担当者が袋小路に至らないようにフォローするのが上司の役目だ。それができないなら上司とは言えない。

この事案では、担当者が自分から「助けてほしい」と口にしてくれたから、まだよかった。そうでなければ、担当者がより重い批判を受ける行動に出ていた可能性も否定できない。

損害賠償を請求するには、あたりまえのことだが、具体的な根拠が必要である。**クレーマーが単に「自分は被害にあった」と主張するだけでは、損害賠償を求めることはできない。**いかなる加害行為があったのか。それは誰かのミスによるものであるのか。本当に損害が発生したのか。そういったことを緻密《ちみつ》に確定していかなければならない。

これはクレーマーから損害賠償を要求された場合においても同じである。いかなる事実が発生したのかもはっきりしないまま、相手に金銭的給付をするべきではない。それはかえって相手につけ入るスキを与えることになる。

しかも損害額について、クレーマーの言われるまま支払ってはいけない。本当に損害が発生したのか、その損害は会社のミスと因果関係があるのかを根拠に基づいて確認してからの支払いということになる。

会社として支払うべき賠償額は「損害として妥当なもの」であって、「クレーマーが損害として主張するもの」ではない。慣れない経営者は、相手から領収書の提出もないまま、治療費やクリーニング代を支払ってしまう。これでは相手が本当に負担したものであるのかわからない。**支払うときには、根拠をきちんと押さえておかなければならない。**そうしないと、言われるがまま負担することになる。

金銭的要求を目的とするクレーマーに限って、「お金の問題ではない」と口にすることが多いから不思議だ。まるで「自分はお金のために話しているのではない」と自分で自分を慰め、納得させているのだろう。そのようなときは「金銭的な解決は一切求めないということでいいでしょうか」とあえて念を押してみるといい。そのときの反応で相手の本心もわかる。

もちろんケースによっては、金銭的解決がやむを得ない場合もある。ただし、金銭的解決ありきの解決方法には十分注意していただきたい。

慰謝料は言った者勝ちではない

クレーマーが金銭的要求をする場合、「慰謝料」という言葉をチラつかせてくることが多い。「慰謝料」という言葉は珍しいものではなく、誰しも知っているだろう。交通事故の慰謝料、離婚時の慰謝料、ハラスメントの慰謝料など、様々な場面において慰謝料は交渉の対象になってくる。

もっとも「慰謝料とは何か」と踏み込んだとき、明確な説明ができる人はそれほど多くない。**我々は、このように定義が曖昧な言葉を「あたりまえの言葉」として利用していることが少なくない。**正確な意味を把握しないまま利用しているがゆえに、かえって間違った影響を受けることがある。

クレーマーから「慰謝料を払え」と指摘されると、それだけで「自分に非があったのではないか」と考えるのは拙速にすぎる。これでは慰謝料は言った者勝ちということになってしまう。そういうものではない。**慰謝料は、ある行為によって受けた精神的苦痛を金銭的に評価したものである。**

クレーマーが慰謝料を請求するには、以下の３つのプロセスを経る必要がある。

①会社として何らかのミスがあったこと
②会社のミスで精神的な苦痛を受けたこと
③精神的苦痛を金銭的に評価すること

クレーマーの特徴は、思考のプロセスを経ることなく、とりあえず慰謝料を要求してくるところにある。たとえばクレーマーから「慰謝料を支払え」とプレッシャーをかけられたとしよう。こういうときにはたいてい具体的な金額の提示はない。ひたすら「慰謝料を支払え」というものだ。弁護士が慰謝料を請求するときには、一般的に行為を特定したうえで慰謝料として「〇〇円を支払え」と明示する。**クレーマーから具体的な金額の指摘がないことこそ、内容について精査していないことの表れだ。**

では、実際にクレーマーから慰謝料を要求された場合の対応について検討していこう。

まずは「当社のいかなる行為によって精神的苦痛を感じられたのでしょうか。恐れ入りますが、具体的な行為を整理して書面にてお伝えください。社内にて確認させていただきます」という反論から始めてみるといい。クレーマーは、自分の満足感を得ることが目的であるため、体系的に何かを要求し、説明することが苦手だ。時間の経過によって主張が変わってくることも珍しくない。

クレーマーは「いかに自分を有利にできるか」という観点から、担当者の様子を見ながら場当たり的な要求を実施する。「全体としてどうか」ということに興味はなく、「この場で有利になればいい」という判断が先行する。担当者にとっては、主張が変化していくことがストレスの要因にもなってくる。だからこそ、「何をもって慰謝料を主張しているのか」を確定させるといい。しかも発言内容がぶれないよう、書面で提示してもらうべきだ。

おそらくクレーマーからは「これまでのいろいろな経過だ。わかるだろう」と反発を受けるかもしれないが、気にすることはない。**訴訟において、慰謝料を請求する際には具体的な行為を特定する必要がある。**行為を特定しなければ、反論する対象が設定できないからだ。単に「これまでの一連の流れで辛い思いをした」というのであれば意味がない。

たとえば、パワハラが争われた場合でも、「長年にわたって上司から不適切な発言を受けた。だから200万円を慰謝料として求める」というだけでは不十分だ。具体的に、いつ、誰が、どのような発言をしたのかなどの特定を要する。クレーマーは、行為を特定することがなかなかできない。ひたすら「これまでのやりとり」という抽象的な発言にこだわる。そういうときは「具体的な行為が不明のままでは慰謝料と言われましても、検討しかねます」と断ればいい。

仮に会社にミスがあって慰謝料を支払うことになったとしても、金銭的評価については慎重な判断を要する。慰謝料は、「精神的苦痛」というカタチなきものを金銭的に評価するものであるため、明確な評価基準がない。同じ行為を受けたとしても、強く傷つく人もいれば、さして気にしない人もいる。同じ行為なのに被害を受けた人にとって金銭的な評価が大きく異なるというのも違和感がある。そのため、**慰謝料といっても相場観というものがある**。これは過去の類似した裁判例から集積されたものだ。類似した事案で過去に慰謝料として認定された額を基本にしてしかるべき慰謝料を検討していくことになる。

たとえば、不貞が原因で離婚となった場合の慰謝料は、だいたい150万円から200万円といったところであろう。300万円を超える慰謝料というケースはあまり目にしない。もちろん、実際には行為の内容や被害の程度によって異なるが目安というものがある。

たいていの場合、クレーマーの想定する慰謝料の相場は裁判所の相場を大幅に超えている。**言われるがまま支払っていたら、クレーマーをさらに助長することになる**。いっそ訴えられて適切な損害を確定してもらうのもひとつの手だ。慰謝料を支払う場合には、事前に弁護士に相談して、事案の内容から適切な賠償額なのか確認することをお勧めする。

押さえておくべき賠償交渉のプロセス

それでは、賠償金を支払うとなった場合の具体的なプロセスについて要点を押さえておこう。**ポイントになるのは「事実の確認とカタチの確保」である。**

損害については、事実の確認から実施していく。相手の主張する損害が本当に発生しているのかということである。あたりまえのことと感じるかもしれないが、クレーマーを目の前にすると、緊張してあたりまえのことができなくなる。

たとえば、飲食店で、顧客から「(食事後)体調が悪くなったので、医者に行こうと思うから、いくらか支払え」との苦情が出されるときがある。経営者としては、身体のことであるから心配になり、すぐに「わかりました」ということになる。だが、本当に体調が悪くなったのかどうかはまだ確認していない。しかも、相手が実際に病院に行くのかもわからない。

したがって、この段階では「病院に行く」ことを前提にして話を進めるのは必ずしも適切ではない。まずは病院に行ってもらう。**カネを支払うには、その根拠をはっきりさせなければならない。**治療費についてもいったん立て替えてもらって、領収書と引き替えに支払うべきだ。治療費を用意できないというのであれば、病院に事情を説明して会社が病院に支払うということでもいいだろう。領収書もない状況で相手に治療費を支払うのは避けるべきだ。

ケースによっては、通院が不必要にいつまでも続く可能性もある。こういった場合の慰謝料は、通院期間がひとつの基準になるため、通院期間が長くなると治療費のみならず慰謝料も不必要に高くなることが懸念される。不必要に治療が長引く場合は、いずれかの段階で治療費の負担を停止することもある。

治療費の負担を打ち止めすると、「被害者の意向に反して打ち切るなどおかしい」と言ってくる人もいる。そういうときは「治療の範囲について争いがあるのであれば、裁判所で判断してもらうほかないです」と答えるのもひとつの手である。**訴訟においては、被害者とされる者が要求する治療費のすべてが損害として認定されるとは限らない。**認定されるのは、あくまでも会社のミスと因果関係があるものである。

その他のクリーニング代、あるいは交通費といった損害についても、同様に領収書などの客観的な資料があることを確認したうえで支払いに応じるようにする。クレーマーのなかには、実際には損害が出ていないのに「将来において損害になる」ということでまとめて請求してくることもある。そもそも損害が発生していないのに、発生したと請求してくる者もいる。**根拠もなく支払うことがないよう、社内で支払基準を定めておく。**

いったん支払ってしまうと、クレーマーは「ここはカネが出やすい」として、より多くの請求をしてくることが懸念される。賠償をするときには、事実の確認ができてからという姿勢を徹底していただきたい。

損害が確定して支払いということになったときは、「これで終わり」というカタチをできるだけ作るようにする。具体的には、合意書や示談書といった書面を作成する。こういった終わりのカタチは、想像しているよりも大事だ。

「このくらいのことで書面のやりとりはわずらわしい」「署名を求めるとかえって相手の感情を逆なでするかもしれない」といった考えもあるかもしれない。しかし、そういった心理的負担などを考慮したとしても、できるだけ作成するべきだ。それが社員と企業を守ることになる。

クレーマーは流動的である。いったん収まったと安堵していたら、しばらく時間をおい

て再度要求してくることもある。そういった繰り返しを法的に縛るためにもなんらかの合意書面は作成しておくべきだ。

書面には、支払うべき金額や「今後の請求を一切しない」ということを明記しておく。そうしないと、当事者双方に「終了した」という自覚が生まれないのみならず、法的にもさらなる要求ができる余地が出てくる。最近は、こういった合意において「ＳＮＳなどへの書き込みを削除し、今後においても掲載しない」などといった取り決めを入れることがある。ケースによっては、「第三者に交渉の経緯や内容を口外してはならない」という取り決めまで含めることもある。

会社として困るのは、「あの会社からいくらもらった」という一部の事実だけが周囲に広まることである。「あそこは言えばお金が出てくる」という印象を広めるわけにはいかない。こういった書面の作成において、クレーマーは「金銭の支払いがある」という点に意識を集中している。だからこそ、書面を作成する際には、できるだけ会社にとって有利な条項を盛り込むようにする。クレーマーも柔軟な姿勢を見せやすい。

ここは将来においてのポイントになるので、事前に弁護士に合意内容を確認してもらうべきだ。せっかく書面を作成しても落ち度があれば意味がない。相手に対する支払いは、できるだけ現金の授受を避けて本人名義の口座への振込みとする。現金の授受の場合には、相手が受け取るだけ受け取って領収書を用意していないことがある。訴訟になっても「もらった覚えがない」と言われたら終わりである。振り込んだ証拠が残るように振込みにしたほうがいい。クレーマー対応の終止符には、それなりのこだわりを持つべきだ。

ポイント！

- ・クレーマーからの根拠のない損害賠償の請求に応じてはいけない。
- ・クレーマーから慰謝料を求められた場合は、その根拠を具体的に出してもらう。
- ・賠償金を支払うことになっても、領収書など金額を証明する証拠を提出させる。

第4章

クレーマーからの終わらない電話を終わらせる方法

いくらネットの利用が増えたといっても、ビジネスで電話は外せない。とくに顧客からのクレームの多くは、電話でやってくる。

電話は簡単なコミュニケーションツールである。簡単であるがゆえに、クレーマーによって乱用されてしまう。少なくない人がクレーマーからの執拗な電話に疲弊した経験を持っている。

実際のところ、私の事務所におけるコンサルティングも、「クレーマーへの電話対応のあり方がわからない」という相談から始まることが多い。コールセンターを設置している企業からセミナーの依頼を受けることもある。いかに多くの人が「電話」という古くて新しい道具に悩んでいるのかがよくわかる。

そこで、本章では具体的な対応として「電話の終わらせ方」について説明していく。「あるべき電話対応」というマナー研修は聞いたことがあるかもしれないが、「電話の終わらせ方」について考えたことはあまりないであろう。

クレーマーは、基本的に電話を終わらせてくれない。やっと終わったと思ったら、数時間後に同じような電話をしてくることがある。**クレーマーが相手の場合、「いかに電話を終わらせるか」という視点が大事になってくる。**

もちろん、相手のあることだから「これをしたら絶対に電話がやってこない」という方法はない。だが、「ここまでやれば電話には出ない」という判断はできる。こういったイメージを持っておくだけでも、精神的にずいぶん楽になるはずだ。

本章では、クレーマーからの電話攻撃で担当者が疲弊した事例をいくつかご紹介する。私の事務所でも、この手の相談が圧倒的に多い。不当な電話には「出ない」という対応をするべきであるのに、なぜか電話に出てしまう。結果として、いつまでも同じことを繰り返してしまう。「電話に出ない」のも立派な解決方法であることを指摘したい。

そのうえで、いかにして電話を「終える」という方向に持っていくかを具体的に説明していく。いくら丁寧に説明しても納得してもらえず、「上司を出せ」「ネットに書くぞ」と言われることがある。そういうときの切り返し方によって、事後的な対応が違ってくる。

いくら電話で丁寧に対応しても、進展しないときがある。そういうときは、電話ではなく、書面でのやりとりにするように仕向けていく。書面に持ち込んだうえで、電話対応を拒否することになる。ここではクレーマーを意識した書面の書き方についても説明する。

1 なぜ、クレーマーからの電話は、担当者にとって恐怖なのか？

～電話を通してクレーマーが与えるプレッシャーから担当者を守る～

"電話"という悪夢が担当者に与える3つの問題

ネットの発達により、コミュニケーションの多くは、テキストベースに移行した。メールあるいはＳＮＳを使って、誰でも簡単に意思を伝えることができる。クレーマーからホームページ経由で大量の苦情が送信されてくるという案件を担当したことがある。コミュニケーションのあり方は日々変化しているが、クレーマーのあり方も変化し続けている。

もっとも、いかに技術が発達しても、やはり「人の声」は独特の価値を持っている。**同じ内容でも、会話で伝えるときとテキストベースで伝えるときでは、相手に与える影響が**

違ってくる。だからこそ、電話は現代においてもビジネスの主要なツールとして存在しているのだろう。

私の事務所に持ち込まれる案件には、「クレーマーからの電話にいかに対応するべきか悩んでいる」というものが多い。多くの人がクレーマーからの電話対応に頭を抱えているのかがよくわかる。「何度同じことを説明しても理解してもらえない」「電話で理由なく罵倒される」「電話を切らせてくれない」といった切実な相談が、経営者あるいは担当者から面談やメールで持ち込まれてくる。いくら仕事だといっても、大変だなとつくづく感じる。

担当者にとって負担になるのは、こういったクレーマーからの電話に対して、自分の感情を抑圧してでも丁寧に笑顔で対応していかなければならないことだ。「辛くても笑顔を作る」というのは、想像以上に精神的な負担になる。経営者は、過大な負担を担当者に強いていないか、冷静に見極めていただきたい。

あるコールセンターでは、信頼していた担当の女性がいきなり退職の相談を上司にしてきた。上司にとっては青天の霹靂で、何事かとあわてた。話を聞いてみると、クレーマーとのやりとりに正直疲れたというものだ。これといった具体的な理由はないが、「とにかく疲れた」というのが彼女の言い分だった。そこで「何かしなければ」ということで、私の事務所に幹部の社員が来所した。

そのなかで、コールセンターの担当者が抱えている問題点を整理してみた。**問題を抱えている人は、実際にどのような問題を自分が抱えているのかがわからない**。問題が大きいほど「辛い」という感情が先だって、問題を客観的に見ることができない。

そこで、実際に負担を強いられている問題を言葉で表現することに時間をかける必要がある。問題を言葉で表現することができれば、内面に抱えていた問題を外部に出すことができる。内から外に出すという行為には、カタルシスとしての効果がある。たとえば、辛いときに涙を流せば、心が少し楽になる。しかも言葉にすることで、問題を共有し具体的な対策を検討することができる。

提示された問題は多岐にわたるが、大別すると次の3つになる。

①「電話に出なければならない」という強迫観念

まずは「電話に出なければならない」という強迫観念である。相手がクレーマーだとわかっていても、なぜか電話がかかってくると「お客様だから」というスイッチが入ってしまって、出てしまう。そして1時間以上も同じことを繰り返し主張されて、ひたすら傾聴と説明をするだけになる。

クレーマー対策セミナーなどでは、交渉においては傾聴と共感こそ相手の信頼を得るうえで大事とされている。もちろん間違いではないが、ひとつ説明が不足していると感じるときがある。それは、誰かの話を聞くというのは、話すことよりもさらにエネルギーを要するということだ。とくにクレーマーの場合、非論理的なことを声高に、ときに威圧的に電話で言ってくる。傾聴する側の負担は相当なものである。そういう負担がわかっていて、さらに電話に出ないといけないとなれば、担当者の気が滅入ってしまうのも当然だ。

②「電話を切らせてくれない」という絶望感

次に指摘されるのが、「電話を切らせてくれない」という絶望感である。周囲からすれば、「不当な電話であれば、電話を切ればいい」と安易に考えてしまいがちである。なかには、「クレーマーからの電話は手早く切って、本来の業務に注力してくれないと」というひどい指示を出す管理職もいるようだ。

こういう管理職に限って、具体的な方法論もないまま、「生産性向上」など抽象的な大義を掲げがちである。誰しもクレーマーからの電話であれば、１秒でも早く切り上げたいものだ。切り上げることができないから、苦労しているのが現実なのである。電話を切ろうとしたら「なぜ電話を切ろうとするのか。それが話を聞く姿勢なのか」と言われる。そして、また同じことが最初から始まる。なんとか電話を切っても、数日後、ひどいときには数時間後には、「まだ回答はないのか」という叱責の電話がやってくる。

③「他の人が巻き込まれるかもしれない」という不安感

最後が「他の人が巻き込まれるかも」という不安感である。コールセンターでは、複数名が受け持っていることが多い。なんとかクレーマーからの電話を切ることができても、他の担当者がまた受電してしまうことがある。クレーマーはしつこく何度も電話をしてくるからである。自分のところでなんとか止めたと考えていたら、今度は他のスタッフにターゲットが移動するということが発生してしまう。別に責任を感じるべきことではないが、なぜか自責の念に駆られてしまいがちである。いくら「みんなで対応」といっても、やはり特定の人が巻き込まれるのを目にするのは気持ちのいいものではない。

「クレーマーからの情報は社内で共有できているはず」と言われるかもしれない。情報共有がされていても、電話があればすぐに対応しなくてはならないのがコールセンターである。電話が鳴るたびに「クレーマーではないか」と調査する時間的余裕は通常ないであろう。

これらの問題を含むクレーマーからの電話への具体的な対策について検討していこう。

電話を録音することは裁判時の有力な証拠となる

電話の恐怖のひとつは、誰からの電話なのか、すぐにはわからないという点だ。スマホであれば番号が通知されるし、非通知であれば出ないという選択もできる。しかし、これが会社にかかってきた電話であれば、同じようにできるとは限らない。

会社としては、誰からの電話なのかわからないのであれば、とりあえず出るしかない。結果として、いつものクレーマーからの長時間の電話につきあわないといけなくなる。こんなカードゲームのようなビジネスをいつまでも続けるわけにはいかない。

企業としての対応は、誰からの電話なのかを可視化できるようにしておくことだ。たとえば、電話があったとき、パソコン画面に誰からの電話なのかを自動的に表示できるようなシステムを導入するといい。いつ、誰から、電話があったのかを記録できるタイプもあるので、事後的に裁判などを検討するときにも便利である。

最近では、こういうシステムを中小企業でも導入しやすくなった。社員を守るためにも積極的に投資するべきだ。誰からの電話であるのかが事前にわかるだけで、担当者の負担は変わってくる。電話を受けるときの心持ちもまったく違う。

クレーマーは、いつ電話をかけてくるかわからない。担当者としては「いつか」のために常に緊張して電話のベルを待っていることになりかねない。それでは担当者の心がもつわけがない。「緊張の糸が切れたときが退職の日」ということにすらなりかねない。ある会社では、自動的に名前とともに要注意と画面表示されるようにしている。情報共有を実現するためのシンプルかつ確実な方法である。

クレーマーからの電話を「怖い」と感じるようであれば、録音しておく。不当な電話が続くようであれば、電話を禁じるような法的手続をとることも可能である。こういった手続きを実施するためには、「不当な電話が続いて業務に支障が出ている」ことを根拠づける資料が必要になってくる。

クレーマーに関する相談を受けるなかでは、「すぐに法的手段をとってください」というオーダーもある。執拗な電話や面談要求で業務に支障が出ている場合、経営者として「すぐに停止させたい」という気持ちになるのも当然である。

ただ、**「手段として法的手続があること」と「手段として法的手続を利用できること」は**

必ずしも同一ではない。法的手続を利用するためには、主張を整理して資料を用意する必要がある。「これだけの資料では不十分です」と回答すると、経営者のなかには立腹する人もいる。「業務が妨害されているのが明らかなのに、なぜですか。裁判所は弱者の味方ではないのですか」と詰め寄られて弱ったこともある。

当事者である経営者の気持ちは十分に理解できる。しかし、裁判所はあくまで価値中立的な存在である。裁判所としては、相手がクレーマーであることを当然の前提にして判断をすることができない。一方的に会社から「被害にあっている」と言われるだけでは判断のしようがない。だからこそ具体的な事実を固める資料が必要となってくる。

電話であれば、電話の履歴や内容が資料となってくる。そこで電話対応に苦慮して将来においてしかるべき手続きを検討しているときには、日時と内容を記録しておいてほしい。できれば不当な発言については、録音したものを用意しておくといい。

録音内容は、後日、クレーマーと「言った、言わない」でもめたときの根拠として利用することもある。また、会社としての説明責任を追及されたときも、「この音源にあるように、会社としては当初から十分に説明しております」という反論の根拠に利用することがある。いずれにしても、発言内容を事後的に確認できることはいろいろと便利である。

不特定多数から電話がやってくるような業種の場合、あらかじめすべての案件を録音しておくのもひとつの手であろう。実際、「音声を録音しています」という案内の後にオペレーターにつながるという経験は誰しも持っているだろう。

もっとも、「録音される」ということは、あまり気持ちのいいものではない。本来の顧客から「なぜ自分まで録音されるのか」と不快感を抱かれることもある。しかし、こういった不快感は必ずしも声にならない。見えない顧客の不満が売上にも影響してくる。そのため、中小企業ですべての電話を録音するということはハードルが高い。現実的な対応としては、「この人は対処が難しい」と感じたところから録音しておけばいい。

クレーマーとの電話のやりとりは、受話器ではなく、スピーカーを使ってあえて他の社員にも聞こえるようにしておくといい。受話器だとクレーマーとの1対1のやりとりになってしまう。他の社員にやりとりを聞いてもらえるだけでも、「自分はひとりではない」と安心できる。しかも、他の社員もクレーマーの状況をリアルに共有できる。

「あえて電話に出ない」という選択肢も検討する

「電話が辛いときにどうすればいいか」という質問に対する、私のシンプルな回答は「電話に出なければいい」というものだ。**電話に出なければ、クレーマーからのどうしようもない長電話に巻き込まれることもない**。これほどシンプルで効果的な解決方法はないはずだ。誰しも「それはそうだ」と納得できる。

それでも、多くの人は「それができないから困っている」と反論するだろう。ここで大事なのは、他の解決策を模索するのではなく、「電話に出ない」という判断をためらう理由をしっかり検討することだ。ここを曖昧にしていたら、いつまでたっても問題の本質的な解決にならない。

我々は、電話が鳴れば出ることをあたりまえのことのように考えている。しかもできるだけ早く出ることが正しいマナーのように教えられてきた。何かの作業に集中していても、電話が鳴れば手を止めてまでわざわざ出る。このようなときに限って、どうでもいい内容の電話だったりする。

電話は、誰かの時間を一方的に奪うものだ。すぐに出られなかったら、折り返しの電話をすることになる。我々は、電話を利用しているのではなく、利用されているだけなのかもしれない。**最初に押さえておかなければならないのは、「電話に出なければならない」法的義務など通常ないということだ。**

つまり、電話がつながらなかったといって、何かの法的責任を通常直ちに追及されるわけではない。あたりまえのことかもしれないが、電話というものを法的な観点から考えることはないだろう。近すぎるものほど、「あたりまえ」になってしまい、惰性《だせい》で対応しているものだ。「これはどういう根拠なのか」と身近なものを再確認すると、問題解決の糸口が見えてくる。

電話をかける自由があるように、電話に出ない自由も当然ある。クレーマーから「なぜ電話に出ないのか」と批判されても、気にすることはない。「電話に出ない」という経営判断もあってしかるべきだ。最近では、電話番号をあえてホームページなどに掲載せず、すべてオンラインからの連絡に統一している会社もあるそうだ。

「電話に出る、出ない」でとくに悩むのが医師である。医師の場合、医師法で応召《おうしょう》義務というものが定められている。これは、医師が診療を求められたときには、正当な事由がない限り、応じなければならないというものである。この応召義務の範囲で悩む人が少なくない。クレーマーに限って、「自分は患者だ」という強気なスタンスで医師に詰め寄る。医師としても、「態度がおかしい」と感じつつも、患者と言われると応召義務違反と指摘されるのを恐れて、よしなに対応せざるを得ない。それが結果としてクレーマーをさらに助長し、医師と患者というあるべき関係を破壊していくことになる。

医師からは「目の前の患者に集中したいだけなのに」と相談を受けることが多い。**応召義務は、決して医師に無制限に対応する義務を強いるものではない。正当な事由があれば、診療を拒否することもできる。**クレーマーが医師の指示に反する行動に出て、業務に支障をきたすのであれば、毅然とした態度で対応するべきだ。

医師の場合、自分で対応する時間的余裕もないため、弁護士に依頼することも少なくない。クレーマーへの対応を誤ると、他の患者に不安を与えることになる。医師であっても、明らかに不当な要求の電話に対しては「出ない」という判断をするべきだ。医療とは「あくまで医師と患者の相互の信頼と協力のうえでしか成り立たない」というあたりまえのことを貫く必要がある。

このように、「電話に出ない」のもひとつの方法だ。それでも、担当者個人が「電話に出ない」と判断するのは難しい。そこで、どの段階まできたら電話に出ないという取り扱いにするかを社内で明確にしておく。**取り決めは「とりあえず」というくらいの気持ちでなければ、いつまでも決まらない。いったん決めてしまって、不都合があればフィードバックして修正していけばいい。**とにかく決めることが先だ。

「電話に出ない」という対応ができないのは、つまるところ、「クレーマーの感情をさらに逆なでするのではないか」という不安があるからだ。そういった不安はあって当然であるが、乗り越えていかなければならない。いったん基準を決めたのにクレーマーに対する恐怖心から電話対応を続けていたら、さらにたたみかけられる。電話に出ないという対応をすると、クレーマーからの電話がさらに続くことがある。それでも、いつまでも同じ状況ということはない。どこかの段階でクレーマーもあきらめておとなしくなってくる。

クレーマー対応では、このように「あえて何もしない」というのもひとつの有力な方法であることを覚えておいてほしい。

ポイント！

- ・ネット時代にあって、クレーマーからの電話は担当者に精神的負担をかけている。
- ・電話への対応としては、誰からの電話かを可視化したり、録音することを検討する。
- ・クレーマーからの電話に「あえて出ない」という選択肢も検討する。

2 クレーマーからの電話を美しく終わらせる方法

～ルールを明確にしたうえで、相手を尊重している雰囲気を演出する～

「あなたを大切にしているから電話を切る」という姿勢を打ち出す

クレーマーは、自分の要望が実現しないとわかると、感情的になりがちだ。普段の暮らしのなかで、第三者から何かを感情的に言われることはあまりない。しかし、これが電話となると、相手の雰囲気がわからないため、なおさら困惑する。「相手が興奮しているからなんとかしないといけない」と焦るほど、物事は悪い方向に展開していく。むしろ**「なるようにしかならない」と腹をくくったほうが意外とうまく回りだす。**

電話に限らず、興奮した相手に対して「興奮しないでください。冷静になってください」と言うのは、意味がないだけでなく、むしろ相手をヒートアップさせてしまうことになりかねない最悪の対応だ。「お前の態度が悪いからこうなったのだろう」と詰め寄られるのが関の山だ。

興奮した相手との長時間の電話で疲弊しないためには、社内で対応するべき時間を共有する。こういった時間が決まっていないがゆえに、いつ電話を切るべきかがわからず、いつまでも相手の話をじっと聞くだけになる。

具体的な時間は、各社が自分たちで決めればいい。通常であれば20分もあればひと通りの質問への回答をすることができるだろう。30分も説明すれば十分だ。こういった時間を経過したら、電話を切るようにしなければならない。

さりとて、時間が来たからといって、いきなり電話を切るというのもなかなかできることではないだろう。その場合には「申し訳ありません。〇〇様のご意見は伺いました。大事なご意見ですので、私が単独で判断することはできません。いったん上司と協議したうえで、検討させていただきます」などと言って切るようにする。

ここで大事なのは、**「あなたの意見は大事だから電話を切る」というスタンスを明確にすることだ**。内心では「これ以上電話を続けても無駄」と感じたとしても、表に出してはならない。相手からの電話がさらに続く結果になってしまう。

電話を切ることが苦手な人は、電話を切るにはクレーマーに納得してもらわなければならないと誤解している。**「電話を切る」と「クレーマーが納得する」というのは、まったく別の問題である。クレーマーが納得しようがしまいが、電話を切っていい。**そこをはっきりさせないと、電話を切ることをいつまでも言い出せない。

意識を向けるべきことは、「いかにしてクレーマーからの電話を切るか」であって、「いかにしてクレーマーに納得してもらうか」ではない。「電話を切る」というところからすれば、「クレーマーの意見を尊重している」という姿勢を見せることが効果的だ。これをされると、クレーマーとしても自分の意見を尊重されたうえでの対応であるため、無下《むげ》にできなくなる。

いったん電話を切ってしまえば、あとは電話ではなく、書面で通知をすればいい。書面の内容としては、「検討のうえ、ご要望には添えない」というものでいい。クレーマーから再度電話があれば、「電話に出ない」という判断も含めて対応することになる。事後的なことは事後的に考えればいいのであって、まずは「電話を切る」ということにこだわっていただきたい。

クレーマーは、電話のなかでひたすら自分の要求や意見を連ねる。聞いている側としては、次第に何を言いたいのかわからなくなるときがある。**そこで電話を切る時間が近づいてきたら、いったん話を整理するような相槌を打ってみると効果的だ。**

たとえば、次のようなフレーズが使いやすい。

「○○様、今回はいろいろご不快な思いをさせて申し訳ありません。当社としては、○○様のご意見を踏まえて早急に対応を検討したいと考えております。ついては○○様のご要望としては、△△という理解でよろしいでしょうか。当方の不手際で誤解がありましたら申し訳ありませんので、確認させていただきました。長時間のお電話でお手をわずらわせるのは本望ではありません。この内容で間違いなければ、上司と協議して改めて連絡させていただきます」

何かを回答するにしても、要望内容が固まらなければ、何について回答しなければいいのかわからず、いつまでも電話を聞くことになってしまう。**あえて電話の途中で、こちらからクレーマーの主張を整理することで、クロージングに持っていきやすい。**

このようにしても、クレーマーのなかには、納得するまで電話を切ることを許さない者もいる。「こちらの了承なく電話を終わらせようとするな」と言う者すらいる。

そういうときは、「会社のルールで原則として30分以上の電話対応はできないことになっております。いったん切らせていただきます」と言って切るほかない。再度電話がかかってきても、出ない。必要があれば、書面で事後的に回答すればいい。いずれにしてもどこかで明確な線引きをしなければ、終わりを迎えることができない。

「上司を出せ」という要求に屈しない

経営者にとって、クレーマー対応は自ら陣頭指揮をとるべき事項である。もっとも、陣頭指揮をとるべきであるが、経営者がクレーマーと直接対面することはできるだけ避けるべきだ。

交渉においては、決定権を持つ者がいきなり出ていくことがいいとは限らない。その場での判断を余儀なくされてしまうため、相手がクレーマーである場合には避けるべきだ。「事業効率」という観点からしても、できるだけ担当者レベルで対応するべきだ。

あるメーカーからの依頼は、クレーマー担当部署の部長からの悩みから始まった。物腰柔らかな部長は「とくにこれという問題を抱えているわけではないのですが」という言葉から相談を始めた。自信に裏づけられた穏やかな話しぶりからして、「この人はクレーマー対応に慣れているのだろう」と感じた。

部長が悩んでいたのは、クレーム担当者の育成についてであった。担当者が自分で対応せずに、すぐに上司に電話を回してしまうというものだった。結果として、なんでもかんでも部長に案件が集まってしまって業務が回らないということであった。できる部長であるがゆえの悩みかもしれない。

業務が特定の優秀な社員に集中することは、中小企業においてよく見受けられる傾向である。中小企業の場合、人材が限られているため、各自の職務範囲がはっきりしていない。**経営者としては、とかく「よくできる」人にばかり仕事を無意識にふってしまう。とくにクレーマー対応のような難しい案件であるほど、「信頼できる部下」に任せてしまう傾向が強い。**

任せられた側としては、なんとか経営者の期待に応えようとするため、無理をする。既存の業務をこなしつつ、さらにクレーマー対応まで強いられると、いかに優秀な人材であっても、手が回らなくなる。しかも業務量に応じた金銭的評価もされなければ、自ずと退職を考えるようになってしまう。ここに中小企業において優秀な人材から退職していく構造的な問題がある。

これはクレーム担当部署内部でも同じだ。クレーム対応のレベルは、人によってまったく異なる。対応のレベルが高い人にハードな事案がどうしても集中してしまう。それが一時的なものであればいいが、恒常的なものになれば「やってられない」ということになる。経営者としては、個人が負担している業務量を把握しておかなければならない。クレーマー対応に長けた人がいれば、あえてクレーマー担当の部署から外すのもひとつの手である。

本書でも繰り返し述べているが、クレーマーには、人ではなく組織として対処しなければならない。クレーマー対応が個人的に上手な人がいると、いつまでも「その人」に頼ってしまうことになりがちだ。外すと対応が回らなくなるのではと不安視する人も少なくない。だが外すことによって、他のスタッフが一気に成長することが多い。**組織の穴はなんとか周囲が補填しようとする。**成長の機会としてあえて異動も考えるべきだ。

担当者がレベルを上げるためには、基本的なスキルを学んだうえで経験を積んでいくしかない部分もある。「上司を出せ」と言われて、「わかりました。お待ちください」では対応したことにならない。なにより回された上司が対応できるとは限らない。

いったん上司が出てしまうと、次は「トップを出せ」ということになる。さりとてクレーマーに「上司に取り次ぐことはできません。私が責任者です」と言うだけでは話は終わらないであろう。そこで、クレーマーに満足感を与えつつ、上司に電話を回さない方法を考えることになる。

具体的な会話としては、次のようなものがひとつのモデルになる。

「○○様のご意見は承知しました。本件については、担当者として一度、上司と時間をとって協議させていただきます。協議の内容については改めてご連絡させていただきます」

まずはっきりさせるのは、「担当はあくまで自分であって上司ではない」ということだ。いったん上司が対応してしまうと、以降の対応をすべて上司がしなければならなくなるからだ。そのうえで上司とは別の機会に協議するとして、いったん電話を終わらせるようにする。このとき、重要な案件であるために、上司と時間をとって相談するという話にもっていく。

クレーマーからは「本日中に回答しろ」と言われることもある。その際には「本日中に上司と協議できるとは限りません。当社としてもお客様に対してできないことをできるようにお伝えすることはできませんので、ご了承ください」と言って断る。

電話を切った後の回答は、電話ではなく、できるだけ会社名を使って書面で発送したほうがいい。担当者は個人であっても、意見としてはあくまで会社のものであるからだ。これに対して、クレーマーから電話があれば、上司の判断であると言って断る。会社として方針を決めたのであれば、そこから動いてはならない。

それでも電話が繰り返されるのであれば、電話に出ない対応も検討することになる。クレーマー担当は負担の大きな仕事ではあるが、スキルアップの機会でもある。前向きにとらえていただきたい。

ネットに書き込みをされたら

あるコールセンターでは、クレーマーからの執拗な電話で業務に支障が出ていた。そこで経営者は、「電話対応を拒否する」という方針を固めた。担当者らは相手に対して「電話による対応には応じられない」と回答した。相手は会社の対応に激高した。

それから数日後、匿名で明らかに事実無根《むこん》のことがネットにおいて記載されるようになった。会社の態度がいかに横柄なものであるか、担当者の態度がいかに悪いかといったことがまことしやかに書かれていた。そこで私の事務所に相談ということになった。

ネットは、我々の暮らしの隅々まで広がるようになった。もはやネットのない暮らしは想像することができなくなった。ネットの世界では、誰でも自分の意見を不特定多数の人に容易に発信できる。そこには真実と虚構がない交ぜになっており、なにが真実であるのかわからないときがある。

記事を目にする側からすれば、そこに記載された内容がすべてである。そのため、記載された内容をありのままの事実として受け止めてしまうかもしれない。いったん自分のなかで「これは事実だ」と認識してしまうと、事後的に修正するのは簡単なことではない。しかも人は「他の人も真実を知っておいてほしい」という良心から、真偽を確かめないまま、情報をさらに他の人に意図的に広めてしまう。間違った情報であっても、あっという間に拡散してしまう。そこにネットの怖さがある。

ネットに不適切な内容が記載されると、それを目にした人が記載内容から会社についてネガティブなイメージを抱くことになりかねない。会社は反論する余地もなく、ただひたすらイメージを崩されていくことになる。

仮に反論したとしても、反論すればするほど「やはり会社の態度が悪い」という印象を周囲に植えつけることになる。しかも採用申込を検討している者がネットで会社の悪評を目にすれば、「ちょっとやめておこう」ということになる可能性もある。この売り手市場の時代に、あえてリスクの可能性があるところに申し込む必要はない。このように止めようのないネットへの書き込みに、我々はどのように対処するべきであろうか。

まず押さえておくべきは、我々がネットにおける書き込みで恐れているのは、クレーマーからの事実無根の記載そのものではないということだ。内容については、クレーマーが根拠のないことを記載して会社を批判しているだけだと割り切ることもできるだろう。実際に**恐れているのは、事実に反する記載内容を真実だと誤解する第三者がいることだ**。つまりフォローしないといけないのは、記載内容そのものではなく、第三者が自社をいかにイメージするかについてである。そのように整理すれば、対処法も自ずとわかってくる。

不適切な記載を目にした経営者からは「他の人の目に触れないように、すぐに抹消《まっしょう》するよう手続きを進めてください」という相談を受けることがある。司法的手続などを利用することで、不適切な記載内容を抹消することができるケースもあるが、実際は必ず抹消できるとは限らない。しかも「今すぐに」ということもなかなか難しい。とくに司法的手続をとるには、根拠を確保して申立てをする必要があるため、時間を要する。そもそも弁護士に依頼するのであれば、相談日を設定するまでにすら時間がかかるかもしれない。その間にも間違った情報は広がり続ける可能性がある。

こういったとき、相手の意見に反論するコメントをあわてて記載するのは得策ではない。むしろクレーマーの思うつぼであろう。**反論すればするほど、「弱い立場の消費者の意見が悪徳な会社によってつぶされそうになっている」という構造に持ち込まれやすいからだ。**しかも何が真実であるのかの根拠をネットでは示すことができないため、第三者に「悪徳な会社が単に言い訳をしているのではないか」とさらなる誤解を抱かせることになりかねない。

このように、**ネット上のコメントで議論に持ち込むのは避けるべきだ。公開討論になれば、会社側が不利になることが多い。**ある医療機関は、担当したスタッフの態度が悪いとして、批判めいたコメントがなされた。医師からは、コメントについて反論を記載するべきかと相談を受けた。これについて、私は「現状では反論しないほうがいいです。かえって反省しないクリニックという印象を与えかねません」と説明した。

コメントを残すのであれば、「ご不快を与えたようで申し訳ありません。当院としても事実関係を確認させていただきたいと考えております。つきましては具体的な内容について直接連絡をいただけないでしょうか」というものがいい。これを目にした第三者は「組織として意見を聞いて事実を確認しようとしている」という真摯な印象を受ける。先の事例でも、このような趣旨のコメントを書いたら、すぐに鎮静化した。実際には連絡など来なかった。

ネットの書き込みについては、あえて何も反論せずに放置しておくというのもひとつの手である。クレーマーの記載内容は、ときに過激な表現になることがある。こういった過激な表現は、良識ある人が見れば不可解なものに映る。何かを批判することと過激な表現をすることは意味が違う。穏やかな表現でも、クリティカルな批判をすることができる。逆に過激な表現でも、無意味な批判もある。

あまりに過激な表現は、むしろ良識を疑わせる。過激な表現に対しては何もせず、目にした人の良識に任せるのもひとつの手だ。クレーマーとしても、反論がなければ、さらにコメントをすることはできない。

反論がないのにひたすらコメントを書き連ねていくというのであれば、それだけで第三者から見れば不可解な状況だ。第三者に「このコメントは信用できない」と感じてもらえれば十分である。

ポイント！

・クレーマーからの電話を切るには、「意見を尊重している」という姿勢を打ち出す。
・クレーマーから「上司を出せ」と言われても、担当者は安易につないではいけない。
・クレーマーにネットで悪評を書き込まれても、冷静に真摯に対応する姿勢を貫く。

3 クレーマーとのやりとりは、電話ではなく、書面で行う

~「責任ある回答」という言葉を使って、書面での交渉に持ち込む~

書面でやりとりすることで、記録に残す

クレーマーとのやりとりは、電話で始まることが多い。電話は番号を押せばすぐに担当者につながるため、クレーマーにとって便利な道具だ。しかも、時と場所を選ばないため、クレーマーは自分の都合だけで電話をしてくる。

電話は「やりとりの内容が当然に記録に残るものではない」という点においても、クレーマーにとって利用しやすい。逆に言えば、担当者にとって電話は非常に迷惑なものだ。時間ばかり取られて、本来の業務に支障をきたすこともある。しかも電話でまくしたてられると、相手が何を言っているのかよくわからなくなる。カタチがないから、社内での情報

共有も簡単にできない。だからこそ、クレーマーとのやりとりは、できるだけ電話ではなく、書面でのやりとりに意図的に持ち込むようにするべきだ。

書面でのやりとりにするのは、なによりクレーマーとの電話越しの直接交渉を避けることができるからだ。電話での威圧的な言葉を耳にすることに比べれば、表現のきつい文章を目にするほうがまだ精神的な負担は軽いだろう。また、一歩引いた状況で冷静に見ることができる。しかも、一方的な電話による業務の中断などを回避することができる。

また、**書面にすれば、クレーマーとしても意見を表現するのに手間がかかる。**電話であれば簡単に連絡がつくものの、書面となると自分の要求を整理して文字にする手間が増えてくる。クレーマーは、こういった手間を極端に嫌悪する。「自分は被害者だ。なぜ手間のかかることを求められるのか」と言われることもある。

あるメーカーの案件では、クレーマーに対して書面での要求を求めた。もともとまったくもって根拠のない要求であったが、一応話を聞くという姿勢で書面を求めた。クレーマーからは、当然のように感情的な反発があった。それに対して、「書面できちんとした要求ができないものに応じるわけにはいかない。書面で要求することに何か不都合があるのか」と明確に回答した。それ以降、相手からの連絡は途絶えた。

さらに**書面でのやりとりであれば、交渉の経緯が記録される**。事後的に裁判をすることになった際、相手からの書面を資料として利用することができる。クレーマーは、自分の要求が記録になるため、言葉を選ぶようになる。

クレーマーの要求内容は、時間が経過するとともに変化していくケースも少なくない。ある事案では、飲食店で店員がビールを客にこぼしてしまったことについて、当初は謝罪とクリーニング代を要求していたものの、いつのまにか慰謝料などを求め始めてきた。もともと慰謝料など要求していなかったのではと指摘すると、「言い忘れていただけ。しかも会社の対応に不満があるので、いっそう迷惑を受けた」とサラリと言われたことがある。こういった相手の主張が変化することを防止するためにも、書面でのやりとりにこだわるべきだ。

もっとも、いかにして電話から書面にもっていくかについて知恵を絞る必要がある。単に「電話ではなく書面で」と言ったところで、クレーマーが応じるはずはない。

ここで利用しやすいフレーズが「責任ある回答」というものだ。人は「責任」という言葉に特別の思い入れがある。「責任ある行動」と言えば力強さを感じるし、「責任を追及する」と言われると後ろめたさを感じる。

クレーマーに対しては、次のような文脈で利用するのがひとつの手だ。

「〇〇様のご意見は承知しました。当社としても責任ある回答をさせていただきます。当社では、大切なお客様への回答について、当社の見解を確実にお伝えするため、書面にて回答させていただくようにしています。つきましては、改めて郵送させていただきます」

ここでは「大切なお客様ゆえに書面で責任ある回答をする」としている。クレーマーとしても、自分が尊重されているがゆえに書面にて回答されると言われると、反論しにくくなる。

なかには「書面など待っていられない。すぐに電話で回答しろ」と言う者もいる。そういうときは、「当社としては責任ある回答をさせていただく場合には、書面にて対応しておりますのでご了承ください」と言って、書面での回答に持ち込んだ方がいい。

このようにしていったん書面での回答に持ち込んだら、すべて書面で回答するようにする。

相手からの要求についても、「当社として○○様の御意向を正確に把握させていただくため、書面にてご要望をいただけないでしょうか」とするのもひとつの手だ。書面で要求がされると、相手の主張を固めることができるので対応しやすい。

それでも、実際には電話で要求してくるときがある。そういうときでも書面で回答することを貫く。

回答する書面において、「○○様から令和元年□月□日付の御電話にてなされた△△というご要望についての回答をさせていただきます」というフレーズを最初に入れておくといい。事後的に訴訟になったとき、相手から当時いかなる要望がなされたかを証明する資料になるからだ。書面で回答するときには、将来の裁判などを見越したものにしておく必要がある。

書面には必要最小限のことしか書かない

クレーマーに書面で回答するとき、気をつけていただきたいことがある。**それは必要最小限の回答しか書面に記載しないということだ。**我々は、書面で回答するとなると、できるだけわかりやすく丁寧に回答することが正しいことだと考えがちである。それは間違いではない。

しかし、クレーマーを相手にしている場合、詳細に記載し続けることで、かえってあげ足をとられてしまうことがある。**多くの担当者は共感するかもしれないが、クレーマーは、人の言葉のごくわずかな部分を拾いあげて糾弾することが得意だ。**「それはどういう意味なのか」「なぜそうなのか」と、質問あるいは批判の対象が増える一方である。

これに対して、当初は丁寧に説明していても、次第に同じことの繰り返しになり、徒労感に襲われる。そこで適当にあしらうと、「会社としての説明責任を果たしていない」と根拠のない批判を受けることになる。まさに無限の批判を受け続けることになる。これでは担当者の精神力がもたない。書面で回答をする際も、クレーマーからさらなる指摘を受けることがないように注意する必要がある。

ある食品関係の会社は、クレーマーからの質問に対して、詳細な報告書を作成して、送付した。報告書の内容は「客観的な調査の結果、クレーマーの指摘するような問題はなかった」という結論で終わっていた。会社としては、これまでの経緯からこれで終わるとは思っていなかったものの、少しは進展するかもしれないという期待を寄せていた。しばらく時間が経過しても、相手からの回答がないため、「もしかしたら納得してくれたのか」と淡い期待を抱いていた。

すると後日、報告書のあらゆる部分に対して、さらなる質問が記載されたものが返送されてきた。会社は、これらについてもしぶしぶ回答書を作成して返信した。もちろん相手からの回答は「こんな曖昧な回答では納得できない。次の事項について説明をしていただきたい」というものであった。「終わりがない」ということで、私の事務所に相談に来ることになった。

クレーマーのなかには、「とにかく説明をしろ」と執拗にたたみかけてくる者がいる。中途半端な知識を持っている人に限って、こういうクレーマーになりやすい。「自分はこの分野に精通している」という誤った自信がクレーマーを駆り立てるのかもしれない。**この手の人の根底にあるのは、「自分の見識が会社よりも優れていることを知らしめよう」という根拠のない自尊心だ。**

このタイプのクレーマーは、いくら説明をしたとしても終わりがない。説明をしたとしても、「ここに新たな疑問が」ということになる。現実的な対応としては、「これ以上の説明はいたしません」という回答をどこかの段階ですることになる。

クレーマー対応に不慣れな担当者は、丁寧な対応を心がけるばかりに過剰な回答を用意

する傾向がある。余計なことを書いたばかりに、さらに別の攻撃を受けてしまう。

したがって、クレーマーからの質問に対しては、あくまで「質問に対する回答」にこだわるべきだ。しかも簡潔かつ明確に答えることを心がけていただきたい。極論すれば「貴殿からのご要望には応じかねます」という回答もある。いずれにしても、必要最小限のことだけ回答するようにする。

こういった書面は、できるだけ配達証明付書留郵便で送付することをお勧めする。クレーマーからは「そんな書面をもらった記憶はない」と裁判などで言われることがある。相手に書面が届いていることを明らかにするためにも、配達証明付書留郵便がいい。

最後通告を書面で出す

いかに電話で懇切丁寧に説明しても、理解してもらえない人はいる。**我々は「あきらめてはいけない」と繰り返し教わってきたが、現実的にはあきらめることも必要だ。**あきらめるからこそ新しい一歩を踏みだすこともできる。

「あきらめる」の語源は、「明らかにする」で、必ずしも消極的な意味ではないそうだ。あきらめなければ、いつまでも同じ苦しみを味わい続けることになりかねない。クレーマーからの執拗な攻撃を振り切るために、あきらめも必要だ。

ここでいう「あきらめる」とは、「クレーマーからの電話などに回答しない」という意味である。「回答しない」と言葉で表現するのは簡単だが、いざ実行するとなるとストレスになる。「本当に回答しなくてもいいのか」「また執拗に電話が続くのではないか」など、不安はいっそう増えてくる。こういった不安がクレーマーを振り切ることを阻害する。

状況を打破するには、ひとつの区切りとして書面を出しておくといい。「今後は回答しません」ということを相手に書面で通知するわけである。言い切ることによって、精神的な不安も軽減される。こういった通知を出すことにも当然ストレスはかかるだろう。それでも出さなければ状況が進展しないと覚悟を決めていただきたい。

具体的な文面としては、以下の点を盛り込むといい。

①これまで十分に説明をしてきたこと
②今後は必要な場合のみ書面で回答すること
③必要に応じて司法的判断を受けること

具体的な文例としては、177ページの図表3のようなものだ。

文面のなかで会社として十分な説明をしてきたことを明示する。相手は、「十分ではない」と主張してくるだろうが、**こちらとしてしかるべき説明を尽くしたと考えているのであれば、言い切った方がいい**。説明が十分であるかどうかは、行きつくところは評価の問題であって、当事者の話し合いで着地点を見出せるものではない。最終的には裁判所の判断を仰げばいい。

そのうえで、「今後は原則として対応しない」ことを明確に伝える。ここは曖昧な表現ではなく、相手の感情を逆なですると わかっていても、クリアにする。**「言い切る姿勢」が担当者の自信と安堵になる**。クレーマーを相手にする以上、何をやっても反発を受けることは予想される。相手の反発を恐れるあまり、曖昧な表現でお茶を濁すと、方針が定まらず、かえってトラブルが拡大する。

もっとも、すべての照会などに「一切回答しない」と答えるのも、企業のスタンスとしては問題と言える。そこで「回答の必要があると判断したときには書面で回答する」という文言も含ませておく。こうすれば、誰に対しても「会社として必要な場合には説明する意向がある」という説明がつく。

図表3　最終通達文の例

令和元年○月○日

××××　殿

株式会社　○○○○
代表取締役　○○○○

御　連　絡

本書面は、貴殿からの照会事項について当社としての見解をお伝えするものです。
当社としては、貴殿からの照会事項についてすべて十分な説明をさせていただいております。そのため改めて貴殿に対して本書面において説明をさせていただくことはありません。

当社は、これまで貴殿からの照会事項などについて真摯に対応させていただいた所存です。もっとも貴殿としては、当社からの説明にいまだ納得いただけず照会などを続けておられます。
当社としてはさらなる対応については予定しておりません。つきましては本書面をもって貴殿からの照会には対応いたしませんので、あしからずご了承ください。今後は当社にて回答の必要性があると判断した場合に限り書面にて回答させていただきます。

貴殿にて当社の対応に不備があると思料される場合には、当事者間での交渉には応じかねますので司法的判断を仰いでいただくほかございません。

なお貴殿にてさらなる照会などを継続される場合には、当社として弁護士に依頼のうえ対応させていただくこともありますので予めお伝えいたします。
ご理解のほどよろしくお願いいたします。

以上

さらに会社の対応に不満があれば、司法的判断を仰いでもらうほかないと指摘しておく。**司法的判断を仰ぐとは、あたりまえのことを指摘しているにすぎない。**

クレーマーは「訴えてやる」という言葉を相手にプレッシャーを与えるための道具として利用する。だからこそ、こちらから「どうぞ必要であれば訴えてください」と言われることを想定しておらず、たじろぐ。相手からのプレッシャーを無効にし、かつ個別の話し合いを避けるためにも付言しておくといいだろう。

こういった書面は、配達証明付内容証明郵便で送付しておくといい。**内容証明郵便であれば、どのような内容の書面を送付したかについて明らかにしておくことができる。**事後的な裁判などにおいても証拠として利用しやすい。

いったん、このような書面を出したら、基本的にクレーマーからの電話などに対応してはならない。これは社内でも徹底しておかなければならない。知らない担当者が個別に対応すると混乱することになる。発送後しばらくは相手からの電話などが続くかもしれないが、ある程度時間が経てばなくなる。こういった耐える時間も問題の解決には必要だ。

最終的な通知文については、事前に一度弁護士に確認してもらったほうがいい。仮に最終通知文の送付後に裁判になったときでも、事前に弁護士に確認してもらっておけば、スムーズに引継ぎをすることができるはずだ。

ポイント！

・クレーマーとのやりとりは、電話ではなく、意図的に書面で行うようにする。
・あげ足をとられないように、書面には必要最小限のことしか書かないようにする。
・クレーマーとのやりとりが終わりそうもない場合は、最後通告を書面で出す。

第5章

クレーマーからの執拗な面談要求の断り方

クレーマーから「今すぐ謝罪に来い」「今日の午後9時に上司と説明しに来なさい」などといった面談要求を受けることがある。こちらにもミスがあると、「とにかくお詫びに行かなければならない」ということで、相手の言うとおりに動いてしまいがちだ。

クレーマーは、一方的に会社の受付などにやってきて、管理者との面談を要求することもある。「他のお客様もいらっしゃいますから」と説明しても、「自分よりも大事なことがあるのか」と反論されてしまって、「とりあえず別室にて」ということになってしまう。

クレーマーに会って話を聞かなければならないのは、ある意味では電話対応よりも気が滅入るものだ。いくら丁寧に説明しても、相手の都合が悪くなれば、また最初からだ。一方的に批判されると、「いったい、いつになれば帰宅できるのだろう。相手の言うとおりにすればいいのか」という気持ちにすらなってしまう。

そこで、本章では、クレーマーから面談を求められた場合の対処法について、説明しておこう。

クレーマーからの面談要求に応じるべき法的義務は通常ない。「説明責任を果たす」という意味では、面談でなく書面での説明で足りる。つまり、会社は面談要求に「応じる」か、「応じない」かを決めることができる。

もっとも、経営判断としては、いきなり「応じない」とは言いにくく、「一応会って話を聞く」というのが一般的だろう。とくに、こちら側にミスがあれば、謝罪の意思を示すためにも会わざるを得ないときがある。

しかし、そういう場合であっても、相手の「今すぐ来い」という電話に直ちに対応することが適切とは言えない。相手に都合があるように、こちらにも都合がある。相手の求めるまま面談に応じていたら、いつのまにか交渉の流れを相手に握られてしまうことになる。

仮に面談に応じる場合は、事前に戦略を練っておかなければいけない。「会って胸襟《きょうきん》を開いて話をしよう」と言っても、たいていの場合、相手の批判を一方的に聞くだけで終わってしまう。いつ、どこで、どうやって面談をするかについても、会社のなかで設定するようにする。予想していない展開になれば、切り上げる勇気も必要である。退去を求めても応じない場合には、「警察を呼ぶ」という選択肢も検討するべきである。

本章では、こういった面談要求における対処法を説明する。面談をするときの心構えと準備をしていただきたい。

1 クレーマーからの「今すぐ来い」という要求に応じる必要はない

~面談する場合は、訪問時間や人数、場所などのルールを決めておく~

担当者を恐怖に陥れる自宅軟禁は交渉の場とは言えない

ある食材を扱う店で、購入した食材についてお客からクレームがついた。「ゴミのようなものが含まれていた。直ちに自宅に謝罪に来い」という電話だった。担当者は、あわてて事実確認のために指定された夜6時に相手の自宅を訪問した。担当者としては、謝罪したうえ、問題の物品を持ち帰って改めて連絡をする腹積もりだった。

しかし、ものの見事に見込みが外れた。到着と同時に、家族総出で一斉攻撃が始まった。事実確認したい旨を切り出す暇もなく、彼らはいかに自分たちが迷惑をかけられたかを話し始めた。担当者は、相手の剣幕に圧倒されて、何も言い返すことができず、ただひたすすら聞くしかなかった。機転を利かせて会社に電話しようとすると、「勝手に電話をするな」と言われて何もできなかった。

そのクレーマーは「会社として、どのように責任を果たすのか、見させてもらうから」と言い放って、やっと帰宅を許された。時計の針はすでに深夜を指していた。クレーマーは、担当者に名前と個人の携帯番号まで書かせていた。

責任感の強い担当者は、クレーマーとのやりとりをなんとか自分だけで解決しようとしていた。顔色が悪い部下の異変に気づいた上司が事情を聞いた。担当者は、最初は何も言わなかったようだが、上司が踏み込むと、とつとつと話を始めた。そして、一気に泣きだしてすべての事情を語り始めた。上司から事実を知らされてあわてた経営者は、人づてに私の事務所に相談に来た。「うちの社員をここまで苦しめて。許せない」と息巻いていた。

こんなことがあるのか、と思われるかもしれないが、実際にある。少なくない人が「帰れる雰囲気ではなかった」「正直言って恐怖だった」という経験をしている。

ある担当者は、過度の緊張から体調を崩してしまい、会社に来るのが苦痛になってしまった。先の事例では、上司が部下の異変に気がつけるだけの力量があったからまだよかった。誰も気がつかなければ、担当者はクレーマーの言いなりになっていたかもしれない。

こういった面談は、もはやクレーム対応の交渉とは言えない。明らかに異常であって、応じるべきものではない。そもそも誰かが面談を要求したとしても、会う・会わないは、こちらの自由である。**相手が要求したからといって、会わなければ直ちに違法というわけではない**。相手の様子が不可解であれば、「身の安全を確保するために会わない」というのが賢明な選択である。

それにもかかわらず、クレーマー対応の現場では、この常識が失念されていることが多い。「こちらにミスがあるのかもしれない」という不安から事実確認の方法もわからないまま、とりあえず面談に応じるというケースが多い。面談のなかで一方的に糾弾され、いつのまにか会社にミスがあることが前提になって話が展開していくことになる。

クレーム対応は、なによりも事実の確認から始まる。**クレーマーは、あえて担当者を急かして事実確認を飛ばして、自分の要求を声高にしてくるところに特徴がある**。事実が冷静に確認されて、自分の要求に根拠がないことが明確になることを恐れている。何も準備しないで面談に行けば、当然クレーマーの巧妙なプレッシャーに敗れて、さらに深い穴に落ち込んでしまう。「怖い」と感じるような状況は、もはや対等な交渉とは言えない。そのような面談につきあう必要はない。

ある担当者が面談に行って心理的に圧倒されている場合は、担当者を直ちに変更するべきだ。あるいは、いっそ弁護士に任せてしまうのもひとつの手だ。本人が「自分でなんとかしてみせます」と言っても、担当させるべきではない。

人は、いったん恐怖心を抱くと、容易に払拭《ふっしょく》することはできない。恐怖心を払拭できないことでさらに落ち込む可能性もある。しかも「なんとかしなければならない」と焦ってしまい、かえってクレーマーの指示どおりに動くようになる。最終的には会社のルールに反する行動にまで出ることがある。

実際、そういう辛い事例を目にしたことがある。経営者は、泣いて馬謖《ばしょく》を斬るではないが、社員にしかるべき処分を下した。「会社のため」という気持ちで始めたことであっても、ルールに反した事実に間違いはない。ルールに反したことを放置すれば、組織全体に悪影響を及ぼすため、仕方のない判断ではあった。

クレーマーから夜間の面談を求められたとき

クレーマーは、とにかく自分のペースで案件を進めようとする。無理なことでも主張し続ければ、相手も従わざるを得なくなると考えている。面談要求についても、会社の都合に関係なく、一方的に日時・場所を指定することが多い。都合が悪いと言おうものなら「誰のせいでこんなことになったのか、わかっているのか」とさらに糾弾してくる。

会社としては、話が大きくなることを避けるため、仕方なくクレーマーの指示どおりの時間に訪問することになる。そのため、他の優良な顧客との面談をキャンセルしなければならないときもある。指定された時間が勤務時間中であればまだいい。実際には勤務時間外である夜間や休日を指定されることもある。なかには深夜を指定されるときもある。

そういった時間を指定されると、「クレーマーからの要求だからといって、深夜まで対応しないといけないのか。あまりにも常軌を逸していないか」と疑問と不満を抱きつつも、反論できずに訪問することになってしまう。このような態度であれば、労働時間の規制などあってないようなものだ。

根拠に基づいて何かを要求するにしても、無制限の方法が許容されるものではない。たとえば、債権を取り立てるにしても、午後9時から午前8時までの訪問は法律で禁止されている。クレーマーの場合、そもそも要求の根拠すら薄弱である。一方的に日時を指定されたからといって、「はい、わかりました」と応じるべきものではない。

したがって、午後9時以降の面談を求められた場合は、早急の事実確認を要する場合などを除いて、断るようにする。**断るときは「会社のルール」という言葉を利用するといい。**

たとえば、「申し訳ありませんが、会社のルールで午後9時以降の面談は禁じられています。もしお急ぎであれば、ご意向をメールにてお伝えください」と回答する。単純に「午後9時以降は面談できません」と言うよりも、「会社のルール」という自分ではどうしようもない理由で訪問できないことを前面に打ち出す。冷静に考えれば、会社のルールだからといって、クレーマーがそれに従わなければならないというものではない。あくまで会社内部でのルールでしかないからだ。

それでも人は、何らかの理由を提示されると、できるだけ対応しようとする傾向がある。担当社員にとっても、「会社のルール」というものがあれば、説明もしやすくなる。

そのため、面談をする場合は、会社のルールをあらかじめ作成しておくべきだ。概略として、以下のような項目についてルールを決めておくといい。

①訪問する時間帯
②訪問する人数
③滞在時間

④訪問場所

⑤帰社できなくなったときの対応

次に休日における面談要求についてである。これはこちら側のミスの内容にもよる。早急に事実を確認する必要がある場合は、応じることもやむを得ないときもあるだろう。

もっとも、クレーマーからの要求は、早急の対応を要しないことのほうが多い。休日の対応に簡単に応じてしまえば、「応じること」がスタンダードになってしまう。

クレーマー対応は、あくまで業務のひとつだ。休日は、労働の義務から解放されている。クレーマー対応にあえて休日まで応じる義務は社員個人にはない。ここははっきり認識しておくべきだ。

こういった休日対応を断る場合は、「会社のルールによって休日における個別の対応は禁じられています。もっとも、ご意向はできるだけ早期に伺いたいので、メールあるいは郵送にて教えていただけないでしょうか」と回答することになる。

これに対して、「休日なんて会社の都合でしかない。顧客をなんだと思っているのか。迷惑を受けた顧客がいれば、休日なんて関係ないだろう」と反論してくる者もいる。そういうときは「お客様のニーズにお応えしたいという気持ちはありますが、何をするにしても限界があります。私としても、会社のルールに従わざるを得ない立場にあります。もっとも、当方としては大事なお客様のご意見は早急に伺わせていただきたいと考えております。つきましては、この電話にて概略をお伝えください。さっそく上司に報告させていただきます」と言って面談を断ればいい。

仮に平日の就業時間中の面談を求められた場合であっても、会社の都合がつかないのであれば、調整を求める。**急かす。急かされると冷静な判断ができなくなってしまう。クレーマーはとかく「すぐに」と言って、内容に関係なく相手を急かす。**「申し訳ありません。当方としても大事なお客様からのご依頼ですので、すぐに対応させていただきたいのですが、別の用件がすでにあり、直ちに伺うことが困難です。まずはお電話にて、ご不満な点などを教えていただけますか」と言って、できるだけ訪問せずに電話で話が終わるようにするのもひとつの手だ。

いずれにしても、「すぐに来い」と言われて、何も考えずに「とりあえず伺います」ということがあってはならない。

怖くて念書にサインしてしまったときは

クレーマーは、ときに担当者の言質をとるために圧迫した状況で一筆書かせてサインを求めることがある。この「サインをしてしまった」という自責の念がさらに担当者を孤独な世界に追い込むことになる。

ある顧問先の経営者から、「すまないけど、知り合いの社長が困っているそうだ。急いでいるようなので相談に乗ってもらえないか」という連絡があった。ふたつ返事で承諾すると10分後に事務所の電話が鳴った。「至急会っていただけないでしょうか。社員がトラブルに巻き込まれて」とあわてた声だった。ただならぬ様子から、夕方のすきま時間に来所してもらうことにした。

落ち着きを取り戻した経営者とうつむきがちな30代前半の男性社員がやってきた。この社員は、ある軽微なミスをしたため、クレーマーのターゲットにされてしまった。自宅に呼びつけられて4時間も一方的に批判されたらしい。帰宅しようとしても、「説明と謝罪が足りない」と言われて許されなかった。

クレーマーからは、「帰宅するなら『すべてを賠償します』と一筆書いておけ」と言われたそうだ。もちろん社員は断ったが、許される雰囲気ではなかった。社員は「早く帰りたい」という一心で、言われるまま書いて署名をした。社員は「とんでもないことをしてしまった」という自責の念に駆られ、夜だったが上司に相談をした。そして、来所となった。社員は、相談中、ずっと下を向いていた。「このくらいのこと、気にしなくていいよ。こっちでやっておくから」とあえて明るい声で答えた。そのときの驚いた社員の顔は忘れられない。

「何かを自分で書く」というのは、我々の想像以上に心理的拘束を生み出す行動だ。仮に本意でなくても、自分で書いたことについて「責任を果たそう」という心理になりやすい。明らかにおかしなことでも、自分でサインしたために「従わなければならない」という心理状態に陥りがちだ。

クレーマーが自筆の署名を求める目的は、書面による証拠を確保すること以上に、自ら書かせることで担当者を心理的に制圧することにある。心理的に制圧できないと判断する相手、たとえば弁護士などに「これに今すぐ署名しろ」とは言ってこない。プレッシャーをもう少しかければどうにかなるなと判断すると、疲労させて「書かせる」という行動に移りやすい。先の社員にしても、「自分で書いてしまった」ということで、ひどく自責の念に駆られてしまった。

クレーマー担当者がやりとりのなかで自責の念に駆られることは珍しくはない。責任感の強い人ほど、落ち込む程度も深い。

こういうとき、上司が担当者の問題行為を批判するのは最悪の対応だ。担当者は、批判を恐れてしまい、自分のしてしまったことを隠蔽するようになる。こういうときは、「大変だったな。ありがとう」というねぎらいの言葉こそかけるべきだ。

誰しも「怖い」と感じれば、その場から離れるために何でもする。それが「まずいこと」だとわかっていても、身の危険を感じるような状況であれば、やむを得ない。むしろ署名して無事に帰ることができたのであれば、よしとするべきだ。

しかも、こういった状況で署名したからといって、当然に法的拘束力が認められるものではない。実際には「書面にサインしたらすべて終わり」と誤解している人も少なくない。**書面に署名があったとしても、署名をするまでのプロセスに問題があれば、書面に記載のある内容を争うことができる。**何時間も糾弾された挙げ句に「サインしなければ帰宅できない」という状況下でなされた署名など、法的効力が認められないのが通常だろう。

したがって、「自分で書いた」ということを過剰に意識するべきではない。むしろポイントになるのは、書いてしまった後の対応である。

本意ではない署名などをさせられたときは、直ちに弁護士に相談する。そして弁護士からクレーマーに対して「脅迫されたうえで署名したものであるから内容について争う」という趣旨の書面を送付してもらう。これは当日か翌日には発送してもらうべきだ。時間が経過するほど、署名の効力などを事後的に争うことが難しくなる。

先の事案も、直ちに内容証明郵便にて署名の効力について争うことを通知した。クレーマーからはすぐに電話があった。クレーマーは、署名されたメモを金科《きんか》玉条《ぎょくじょう》であるかのように話していた。これに対しては、「それほどメモの有効性に自信があるならば、訴訟で決着をつけましょう。こちらから訴えます」と回答した。クレーマーは激高して電話を切った。それ以降、連絡はない。たった一言ですべてを逆転させることもある。

ポイント！

- **クレーマーからの面談要求に対して直ちに会わなくても違法にはならない。**
- **クレーマーから、深夜や休日の面談を求められても直ちに対応する必要はない。**
- **クレーマーから強制的に一筆書かされて署名しても、法的効力は争える。**

2 クレーマーとの面談は戦略的に実施する

~クレーマーの自宅での交渉は、極力避けるべきである~

交渉の成否は面談前に決まっている

交渉の成否は、事前の準備によって決まる。同様にクレーマーとの面談の成否についても、いかに事前に準備したうえで臨むかによって成否が決まる。

面談には戦略を要する。それにもかかわらず、少なくないケースで「とりあえず訪問を要求されたから」といって、あわてて訪問することだけにフォーカスしてしまう。ここには戦略がない。クレーマーは「どのようにプレッシャーをかけようか」と考えている。何も考えずに向かっていくのは無謀でしかない。

そこで、面談前に会社として準備するべきことを確認しておこう。

①単独で訪問してはならない

面談を実施する場合、単独で訪問してはならない。「ひとり」というだけで精神的に抑圧されやすい。担当者は2名以上で訪問するようにする。このとき、役割分担を明確にしておこう。ひとりはクレーマーの話を聞いて意見を述べる役割を担う。もうひとりは交渉を記録する役割を担う。

直接クレーマーと話をする担当者は、特段に話をするのが上手な人にこだわる必要はない。むしろ饒舌《じょうぜつ》な人は「意見を言わないといけない」と焦ってしまい、クレーマーの感情を刺激することがある。

こういった場に強いのは、話すことより聞くことがうまい人だ。クレーマーに意見を述べてもなかなか理解してもらえない。むしろ相手から何を言われても話を聞いて受け流せるようなタイプの人が適任だ。

②必ずICレコーダーを持参する

記録係の担当者は、必ずICレコーダーを持参する。用意できなかった場合は、手持ちのスマホによる録音でもいい。「会社のルールでお客様のご意見を正確に記録するために録音させていただきます」と言って、あえて机の上に置いて話を始める。
これはクレーマーの不適切な発言を牽制《けんせい》するためである。こちらが録音している状況で相手も録音するというのであれば、あえて拒否することもない。相手だけが録音しているという状況になれば、いったん面談を打ち切るべきだ。おそらく発言することにプレッシャーを感じてうまくいかない。

③会社として、いかなる事実をどのような方法で確認するのか決定しておく

最初の面談の目的は、相手の要求内容と事実の確認になる。事実確認は、クレーム対応の最初の一歩になるが、意外と疎《おろそ》かになっていることが少なくない。**「いかなる事実を確認するべきか」が定まっていない状況で面談に臨んでしまうため、失敗する。**とりあえず相手の主張した事実だけを事後的に確認する作業だけで終わってしまう。これでは要求内容の是非を検討する事実確認になっていない。

そこで会社としては、(i)いかなる事実を、(ii)どのような方法で確認するのか、を決定しておく。このふたつの要素を切り分けて明確にすることで、交渉の方向性が決まりやすくなる。

事実というのは、調べ始めたら終わりがない。限られた時間のなかであらゆることを調べることは不可能である。**調査するべき事実の範囲をあらかじめ決めておく。これはあえて調査しない範囲を決めることでもある。**

そのうえで、対象となる事実をいかなる方法で確認するかも社内で共有する。ある事実の有無についての判断プロセスは、人によって異なる。同じ資料を見たとしても、「ある」と言う人もいれば、「ない」と言う人もいる。だからこそ、あらかじめ判断方法を決めておくことが大事になってくる。最終的には「誰が、何を決めるか」ということである。

会合で、意見は出るものの結論が出ない場面に出くわすことがある。これは意見の集約方法があらかじめ決まっていないから発生するものだ。

④面談でやってはいけないことを確認しておく

面談に臨む際は、「やってはいけないこと」を確認しておく。**「やるべきこと」よりも「やってはいけないこと」の共有こそポイントになる。**クレーマーを目の前にして「あれもこれも聞かなければ」と考えると、緊張感からかえって質問できなくなる。「予定していたことのひとつでも聞ければよしとしよう」くらいの軽い気持ちで十分だ。むしろ「やってはいけないこと」だけを意識できれば、対応としては成功と考えてもらってもいい。

たとえば、個人の携帯番号を教える、個人の住所を教える、家族構成を教える、その場で結論を出すなどといったものだ。担当者としては、「やってはいけないこと」がわからないから、つい「会社のため」と判断してやってしまう。だからこそ、会社から「やってはいけないこと」を明確に指示しておく。

⑤あらかじめ決まった時間に担当者に電話をかける

会社は、担当者が現場から立ち去ることができるような配慮も検討するべきだ。当事者は、なかなか現場から「帰ります」と言うことができない。ときには電話すらしにくい状況もある。そこであらかじめ決まった時間になれば、会社から担当者の携帯電話にかけるように決めておく。たとえば、1時間経過した段階で電話をする。担当者は、携帯電話の音が鳴るように音量をあえて上げて設定しておく。

クレーマーとしても、電話音が鳴り続けば話の邪魔になる。そのため、「電話に出るな」とは言いにくい。電話に出てしまえば、「いったん会社から帰社するように指示されました。申し訳ありませんが、本日はこれで失礼させていただきます」と立ち去りやすい。

このように、ひとつの面談においても準備できることは多々ある。

クレーマーの自宅での面談は避ける

クレーマーは「すぐに来い」と言って、自宅での面談をあたりまえのように求めてくる。面談は、クレーマーの自宅でなければならないというものではない。それにもかかわらず、自宅での面談を当然のように求めてくるのは、クレーマーにとってこれほど有利な場所はないからだ。

自宅は、クレーマーにとって自分の領域である。**クレーマーは「自分が被害者である」と一方的に設定したうえで、自宅に来るように指示する。**本来であれば、事実確認がなされていない段階で被害者に該当するかは不明である。だが、会社としては「お客様からのクレームだから」といって、やむを得ず言われるがまま訪問することになる。

クレーマーは、自分の領域にあえて担当者を出向かせることで、自分が優位な立場にあることを無言のうちに示そうとする。担当者も「自宅に訪問する」というだけで、なんとなく後ろめたさを感じる。しかもクレーマーにとっては、自宅は慣れ親しんだ場所で安心感もある。これに対して担当者にとっては、はじめての場所で不安もある。

場所は、交渉における心理状態に相当の影響を及ぼす。「自宅」というだけで、担当者は不利な状況にあることは間違いない。私も交渉を生業《なりわい》としているが、相手の自宅で交渉することはできるだけ避けるようにしている。会社の担当者であれば、なおさら相手の自宅で交渉することは避けるべきだ。

面談の場所は、できるだけこちらで決定するようにすべきだ。相手が自宅を指定してきたら、「ご自宅に伺うのは失礼であるため、会社のルールとして禁じられております。そのため、ご自宅近くの場所を当方にて手配させていただきます」と回答するのもひとつの手だ。**面談の場所としては、喫茶店あるいはファミレスといった、できるだけ第三者の目があるところがいい**。第三者の目があれば、クレーマーも声を荒らげたりすることができない。店舗であるため、長時間にわたって同じ場所に居続けることもできない。担当者としても、話を切り上げて立ち去ることが自宅と比較してやりやすい。

喫茶店などでの交渉を勧めると、「そんなところで交渉しても大丈夫か。第三者に聞かれて問題にならないか」と質問されることがある。相手が同意すれば、どこで面談を実施したとしても問題はない。そもそも喫茶店でくつろいでいる人がこちらのやりとりに耳をそばだてることなど通常ないだろう。声を荒らげたりすれば、注意が向くかもしれないが、担当者としてはむしろありがたいことである。

交渉の場所として自社を指定することはお勧めしない。自社であれば、「こちらの領域」であるため、安心してクレーマーと話ができる。ただし、クレーマーのなかには、いつまでも話を続けて、一向に退去しない者もいる。「立ち去らない」というのもまた問題だ。しかも、いったん会社に来ると何度も来るようになる。第三者の目というものがないので、クレーマーも次第に会社での交渉に慣れてくる。

クレーマーとの面談時間についても工夫してほしい。**個人的には午前11時あるいは午後4時から始めるといいと考えている。**1時間あれば事実確認や謝罪を十分にすることができる。1時間以上もかかるというのは、一方的に批判されているだけの時間が多いと言える。批判だけ受ける時間をいくら用意しても、建設的な交渉にはならない。面談をする時間も制限を設定しておくべきだ。

さりとて「1時間経過したので今日はこれまで」とはなかなか言えないだろう。そこで午前11時や午後4時といったように食事前の時間に面談を設定しておく。このようにすることで、「そろそろお昼の時間になりましたので」「夕食のご準備もおありでしょうから」とソフトに話を切り上げることができる。

それでもクレーマーが執拗に話を続けてくるときは、「申し訳ありません。会社のルールであまり長時間にわたり、お客様のご自宅に滞在させていただくことはご迷惑をおかけするため禁じられています。とくにお食事の時間にかかれば、ご家族の方にもご迷惑をおかけしかねません。本日はいったん帰社させていただき、改めて連絡させていただきます」と言って帰社することになる。

どこかで線引きをして帰らなければ、いつまでもひたすら批判を受けるだけで終わってしまう。

交渉の場がコワイと感じたら

弁護士になりたての頃、先輩から「交渉は交渉前に決まっているから。自分の想像していない展開になった時点で負け。いったん撤退するべき」と教わったことがある。改めて金言だと感じる。

弁護士は、交渉を生業とするため、いかなる状況においても柔軟に対応できると想像しているかもしれない。ドラマにあるようなドラマティックな展開をイメージするかもしれない。

しかし、実際はそういうものではない。少なくとも自分の能力では予想していない展開を深追いしてうまくいくことはない。**想定外の展開になったら、いかにして現状から立ち去るかについて考えを集中させる。**これはクレーマー対応においても共通することだ。

予想していない展開になったとき、場当たり的な対応でなんとかしようとすると、泥沼にはまってしまって、抜け出すことができなくなる。混乱した場合は、それを無理に鎮めようとしてもうまくいかない。予定しない状況になれば、いったん仕切り直しのために帰るべきだ。

もっとも、クレーマーから一方的にまくし立てられると、「帰ります」の一言が口からなかなか出てこない。やっと口にしても、「何を言っている」と反論されてしまうこともある。その場から立ち去るというのは、言葉で表現するほど容易なことではない。**「この場が怖い」と感じたら、いっそのこと「このような対応をされると怖いです」とはっきり言うのも、ひとつの手だ。**

クレーマーといえども、明らかに違法なことはリスクが高すぎてできない。自分の対応を間違えて刑事事件にでもなってしまうと困る。だからこそ、相手から「怖い」という言葉が出てしまうと、たじろいでしまう。このまま「帰るな」と言ってしまえば、怖いと言っている者を無理にとどまらせたことになり、違法の評価を受ける可能性がある。場合によっては、刑事事件にもなりかねない。それではクレーマーも困る。

「怖いです」とはっきり口にして、自分の身を守るのもひとつの方法だ。それでもなかなか「怖いです」と言えないのは、目の前の人に言葉にして伝えることを失礼だと感じるからかもしれない。

だが、こちらに「怖い」と感じさせる態度こそ、失礼な態度であることを忘れてはならない。こちらを不安にさせるような態度をとっているのだから、遠慮なく自分の感情を言葉にするべきだ。それで激高するならば、警察を呼んで助けを求めるべきだろう。「怖い」と感じる自分が悪いのではなく、そう感じさせる相手の態度が悪い。

我々は、これまでの人生において恐怖を打ち勝つ対象ととらえてきた。努力すれば、この自分の不安定な感情も制御できて、毅然とした姿勢をとることができると教えられてきた。それは死の恐怖かもしれないし、老いていく恐怖かもしれないし、痛みに対する恐怖かもしれない。いずれにしても、恐怖を乗り越えていくことを美徳としてきた。

クレーマー対応に限らず、多くの事件を目にして感じるのは、こういった「恐怖を越えなければ」という感情が誰かを苦しめていることが少なくないということだ。**実際のとこ**

ろ、努力で越えることができる恐怖もあれば、越えられない恐怖もある。

たとえば、「死ぬ」ことはつまるところ「いつ死ぬか」という問題にすぎず、「死ぬ」こと自体を超越できた人はまだいない。越えられない恐怖を越えなければならないと考えることは、ゴールのない迷路を歩き続けるようなものだ。現実的な対応は「怖いと感じている自分がいる」というのをありのまま肯定することでしかない。

ある末期癌の方から遺言の作成依頼を受けたことがある。夫婦ふたり暮らしであったが、妻には判断能力の低下が認められていた。夫としては、自分が死んだ後の妻のことが心配で、人づてに私に相談を希望された。穏やかな口調でご自分の病状を語られて、今後やるべき手続きを質問された。おそらく自分の余命のこともわかっていたが、あまりにも落ち着いた態度に圧倒された。事後的にわかったことだが、激痛のために睡眠も十分ではなかったようだ。

彼は、おそらくどうしようもない恐怖を抱いていたはずだ。自分が死ぬことへの恐怖、病気の妻をひとり残す恐怖など。それでも「できることをすべてやり尽くす」という姿勢には、恐怖を肯定した者の強さを感じざるを得なかった。手続きが終了した際に「いろいろありがとうございました」と言っていただいた。そして、最後に奥様に「ちゃんと周りの人の言うことを聞かないといけないよ」と語られた。その方は2カ月後に静かにご自宅で亡くなられた。

弁護士の仕事は、それなりに辛いことが多い。「なんでこんな仕事を選んでしまったのか」と天を仰いだことが何度もある。それでもこういった出会いがあるからこそ、やめることができない。人として、大事な何かを教えていただいた気がする。

恐怖心は、危険を察知した証しでもあるから、否定せずむしろ積極的に肯定するべきだ。**「怖がっている自分がいる」と自覚するだけで、周囲を少し冷静に眺めることができるようになる。**恐怖を肯定するからこそ毅然とした態度をとることができる。

ポイント！

・クレーマーとの面談は、事前の準備が交渉の成否を分ける。
・クレーマーとの面談場所は、第三者がいる場所を指定すべきである。
・クレーマーとの面談で恐怖を感じたら、「怖いです」と言ってしまっていい。

3 突然やってきて、なかなか立ち去らないクレーマーへの対処方法

～先送りの穏便な解決ではなく、時には警察を呼ぶなどの対策を講じるべき～

スタンスを少し変えることで発想が広がり、状況を打破できる

ここまでクレーマーの自宅などを訪問した場合のことについてまとめてみた。ここからは、クレーマーが突然やってきた場合の対応についてまとめていこう。

私の事務所では、各地の医療機関や行政機関などからクレーマー対応について相談を受けることがある。こういった施設に共通するのは、誰しも簡単に受付カウンターにやってくることが可能であることだ。不特定多数の人が出入りしやすい場所は、どうしてもクレーマーのターゲットになりやすい。

クレーマーは「患者」あるいは「市民」という立場を前面に出して、「自分は弱者だから

丁重に扱われるべき」というスタンスでやってくる。受ける側も立場上は無下にできないため、曖昧な態度になってしまい、気がつけばクレーマー対応に何時間も奪われてしまう。これでは本業の業務にも支障が出てしまう。

最近は、業務改善して生産性を高めようということが声高に述べられているが、クレーマー対応に何時間も要することになれば、生産性の向上どころではない。クレーマー対応をしつつ、本来の業務をより短い時間で処理することを社員に求めることは、無理を強いるようなものだ。担当者は本当に悩んでいる。

ある地方の総合病院の事務長と名乗る方から電話があった。話を聞けば、数年にわたりクレーマー家族への対応に悩んでいるというものだった。以下は事案の概要である。

あるクレーマーがこの病院で治療を受けた。その後になって、治療の内容に納得できないと言い始めた。医師は、クレーマーと家族の求めに応じて、くりかえし時間をとって、なんら問題がないことを丁寧に説明した。それでも患者らは一向に納得せずに「説明責任を果たせ。病院として賠償をしろ」と主張を続けた。病院側が折れないとわかると、突然受付カウンターにやってきて、何時間も立ち去ることなく、病院側を糾弾するようになった。「この病院は患者を無視するのか。説明しろ」と大声をあげることもあった。

こういったとき対応を余儀なくされるのは、たいていの場合、医師ではなく事務長だ。病院という立場上、あまり目立つことをしたくない。さりとて、このままだと他の患者の目もある。部下からは「どうしたらいいでしょうか」と相談がやってくる。

事務長は、どうすればいいのかわからず、複数の弁護士に依頼してきたそうだ。弁護士名で書面を送付したこともあるようだった。それでも状況は変わらず、突然やってきては何時間も退去しないことが続いた。そこで、やむにやまれず、他の病院から聞いた本州の端にある私の法律事務所におそるおそる電話をしてみることにしたそうだ。

私は「警察を呼んでみたら、すぐ終わるでしょう」とアドバイスした。事務長としては、「病院という立場で警察を呼んで大丈夫でしょうか。後で問題にならないでしょうか」と不安になっていた。

こちらとしては「大丈夫です」と回答して受任となった。受任と同時に、クレーマーに通知を出した。クレーマーは、こちらの要請に応じることなく、再度病院のカウンターに現れて大声を出して、周囲を怖がらせた。何度説得しても状況が変わらないため、事前の打ち合わせどおり警察を呼んでもらった。

クレーマーは、警察の登場に驚いたようだ。それからというもの、連絡は一切ない。事務長からは「あのとき『警察を呼べ』とアドバイスを受けてよかったです。あれほどひどかったものがピタリと止まって本当に助かっています」とお礼の手紙をいただいた。

この案件のポイントは、事務長のスタンスを少しだけ変えていただいたことだ。事務長は「病院としての立場を守らなければならない」という強い使命感を持っている。**「守らなければならない」という意識は、ときに自由な発想と対応を制約する要因になってしまう。**そういうときは、「ここまでは大丈夫でしょう」と第三者が冷静な意見を伝えることで、状況を打破することができるケースがある。本件も「警察を呼ぶ」というあたりまえのことをしても大丈夫とはっきり伝えることが、事務長の自信につながり、問題を解決することができた。

クレーマーが立ち去らないときの対処法

クレーマーが突然受付に現れて、何時間も同じ場所に居座る。それに対して、担当者が何時間もひたすら傾聴と説明を繰り返す。こういう風景を病院や行政のカウンターで見かけたことはないだろうか。ときには興奮して声を荒らげる者もいるかもしれない。

このように、特定の者に対して、不必要に時間を要してしまうことは本来サービスを受けるべき者の機会を失わせることになる。「できるだけ穏便に」というのと、「ひたすら話を聞く」というのは同じことではない。

こういう場においても、やはり「どこかで話を終える」という戦略が必要である。漫然と臨めば、失敗するに決まっている。**ありがちな失敗の例は、周囲を気にするあまり、具体的な方針も定まらないまま、「とりあえず別室で伺いましょう」という対応だ。**クレーマーにとっては、自分の要望の実現に向けて一歩近づいたようなものだ。

基本的な対応の方法は、クレーマーの自宅を訪問したときの対応と同じだ。対応するときには、必ず2名の担当者が対応する。1名が交渉をして1名が記録を取るようにする。このときICレコーダーで録音するようにして、相手が大声や不適切な発言をしないように牽制する。

場所については、できるだけ他の人がいることを感じさせられる場所がいい。個室で対応すると、どうしても1対1の関係になってしまい、こちらの精神的な負担が大きい。しかも、遠慮なく話し続けられる可能性も出てくる。

「カウンターで対応していると、周囲にばれて噂にならないか」と質問されることがある。とくに病院からはこういった質問をされることが多い。これについて気にする必要はない。

そもそも「噂」といっても、どのようなものだろうか。カウンターで誰かが声を荒らげているという状況を目にして、「病院側に全面的に問題がある」と周囲の人がいきなり結論づけるとは考えにくい。むしろ、「あんなに興奮して声を出すとは、クレーマーに巻き込まれたのか。大変だな」という印象しか受けないだろう。それが良識ある市民の一般的な反応と言える。**病院として対応に苦慮しているというイメージを持ってもらうために、あえてカウンターで真摯に対応するのもひとつの手である。**

もっとも、いつまでも話を聞いていればいいというわけではない。30分も話をすればたいていの事案については終了する。1時間も話をすれば十分だろう。むしろ1時間で話が終わらないということであれば、相手自身も何を要求したいのかが定まっておらず、話すこと自体が目的となっている可能性がある。

社内でひとりの面談時間について30分と定めれば、それに基づいた対応をする。あえて目の届くところに「おひとりの面談時間は最大30分です」という紙を掲示しておくことも話を切り上げるときに説明しやすい。「ここに掲示がありますように、おひとりさま30分となっております」と言える。

いずれにしても、時間が近づいてきたら、自分がコントロールして面談を終了させてい

くことになる。一方的に「制限時間がきましたから」と言うだけでは、相手の感情を刺激することになりかねない。たとえば、「そろそろ時間となります。そこでいったん今日のお話を整理させていただきます」と切り出して話を整理していくのが、流れとしては使いやすい。

「いったん」というのは不思議な言葉で、反発を受けることが少ない。そのうえで「話を整理する」となれば、クレーマーとしても自分の意見が伝わったものと理解してさらにたたみかけてくることもあまりない。

その一方、このようにしても、立ち去らないクレーマーもやはりいる。「なぜ、お前が仕切るのか」「勝手に話を終わらせるな」というケースだ。担当者としても胃が痛い思いをすることになる。こういう場合には、はっきりと「今日はお帰りください」と伝えることだ。ここで「今日のところは……」などと曖昧な言葉を言ってはいけない。

自信というのは、言葉の最後が明確なことだ。最後を言い切れば、自信ある印象を与える。これが立派なことを言っても、最後がはっきりしないと自信のなさが露見する。スピーチのうまい人は、最後が曖昧ではなく、言い切るなどしてクリアだ。アドバイスにしても同じである。「〇〇と思います」と「〇〇です」を比べると、アドバイスを受ける側としても印象が違う。

退去を求めた発言は、できるだけ録音しておく。事後的に裁判になったときにこちらの要請に反して退去してもらえなかったことを確定しておくためだ。3回退去を求めて応じてもらえない場合には、警察を呼んで協力を仰ぐべきだ。

いっそ警察を呼ぶ

弁護士は、顧問先にいつもいるわけではない。これに対してクレーマーは、いつ受付に現れるかわからない。弁護士といえども、突然のクレーマーの訪問に対して直接できることはほとんどない。

そもそも顧問弁護士がいなければ、現場で連絡する弁護士がいない。弁護士を探している間にクレーマーからいろいろ言われる。顧問弁護士がいても、電話がつながるとは限らない。仮につながったとしても、できることといえば、電話越しに退去を求める警告をすることくらいだろう。

経営者のなかには、弁護士であれば裁判手続を利用してすぐになんとかしてくれると誤解している人もいる。何らかの手続きを利用することができるとしても、直ちに何かできるというものではない。準備をして申立て等をすることが必要である。準備のためには担当者との打ち合わせも必要になってくる。**弁護士への相談は、現場にいるクレーマーへの対処法として現実的なものではない。**

こういうときにもっとも効果的な方法は、警察を呼んでしまうことだ。

このようにアドバイスすると、「でも警察は民事不介入でしょ」と話されることがある。そこは気にしなくていい。たしかに「お金を貸したかどうか」について警察に相談しても、解決にはならない。最後は裁判所に決めてもらうしかない。でも、クレーマーが退去せず大声などを出して業務に支障が出れば、別の問題だ。単純な当事者間の民事問題で終わらない。

よく「暴力行為がなければ警察を呼ぶことができない」と誤解している人がいる。別に暴力行為がなくても、犯罪になることはある。たとえば、大声などで業務妨害をすれば威力業務妨害罪、退去の要請に応じなければ不退去罪といった犯罪が成立する可能性がある。こういった事情があれば、警察を呼んで協力を仰ぐべきだ。

クレーマーは、警察を呼ばれることを想定していない。**クレーマーは「自分は被害者だ」というスタンスで臨んでいるので、まさか会社あるいは病院が本当に警察を呼ぶとは考え**

ていない。とくに病院は体裁を気にして警察には連絡しないと想定しているため、実際に呼ばれると態度を一変する。

警察が来れば、とりあえず現場の混乱は解消される。クレーマーとしても警察からの指示に対しては応じる。いったんその場が収まれば、弁護士に改めて相談して指示を仰げばいい。**何より大事なのは、警察の協力をもって「その場」を収めることだ**。実際のところ、一度警察を呼ぶと、会社の本気度がクレーマーに確実に届く。「この会社を深追いするのは得策ではない」と判断して、行動をやめることが多い。

警察は決して遠い存在ではなく、市民社会を守るための存在だ。「怖い」「危険だ」「困っている」というときは協力を求めるべきだ。

もっともセミナーでこのことを説明すると、「わかってはいるのですが、やはり警察に電話するのは躊躇します。素人には本当に犯罪になるのかわからなくて。素人判断で110番したら逆に名誉毀損にならないでしょうか」という質問を受けることがよくある。ある意味では当然の感覚であろう。現場が混乱している状況で一般の方がどのような犯罪が成立するかを厳密に検討することなどできるはずがない。

警察を呼ぶことの本当の目的は、クレーマーを逮捕してもらうことではなく、現場を収

束させるためである。そのため、詳細な犯罪の特定まで考える必要はない。「大声などで混乱して収束させることができない」と判断すれば、警察を呼んで助けを求めればいい。警察を呼んだからといって、直ちに名誉毀損になることもない。

いざというときのことを想定して、あらかじめ最寄りの警察に相談しておくこともひとつの手だ。ある病院の案件では、事前に事務長に最寄りの警察に相談してもらうようアドバイスした。相談内容としては、クレーマー対応に苦慮しており、業務が妨害されるような状況になれば、警察の協力を仰ぎたいということだ。担当した警察の人からは「そういう状況になったら呼んでください」とアドバイスされた。事務長は、クレーマーがいつまでも退去せず、周囲の患者が怖がっていたので、警察を呼んだ。これによってクレーマーは、その場から離れていき、二度と病院に来なくなった。事務長は「事前に警察に声かけしておいたから協力をお願いしやすかった。まったく精神的な負担が違いますね」と語っていた。

もちろん、警察ありきの解決策を提案するわけではない。ただ、クレーマー対応において、ひとつの選択肢であることは間違いない。必要だと感じたときには、躊躇せず協力を求めるべきだ。周囲からの視線を気にするあまり、判断が遅れるようなことがあってはならない。そのためらいがまた新たな被害を生み出すことにもなる。

ポイント！

- クレーマーは「顧客」「患者」「市民」という肩書で突然押しかけることがある。
- 押しかけたクレーマーには、対応する時間をあらかじめ決めておく。
- 押しかけたクレーマーには、警察を呼んで退去させることも検討する。

第6章

クレーマーへの反撃の作法

「クレーマー対応」というと、とかく「会社側がクレーマーからの攻撃をいかに防御するか」という文脈で語られることが多い。多くの事案においても、きちんと防御すれば自然と解決することができる。もっとも、なかにはただ防御するだけではいつまでも同じ状況が続くばかりというケースもある。防御するだけでは、いっそう要求が激化するケースもある。

そういうとき「時間の過ぎゆくままに」では社員からの信用を失うことになる。**「このままではまずい」と経営者が判断すれば、クレーマーへの反撃も検討するべきだ。**反撃の狼煙《のろし》を上げることで、これまでの流れを一気に変えることができる。

反撃を考えるときは、中途半端な対応をするべきではない。「とりあえずこれをやって様子を見よう」という気持ちでとりかかると、かえって足をすくわれることになりかねない。反撃するなら、計画的かつ一気呵成《いっきかせい》に取り組むべきだ。

そのためには、やはり弁護士に依頼するのが効果的だ。自分で何かをしようとすると、相手から違法とのそしりを受ける可能性もある。法律に基づき、淡々と事案を進めるためにも、弁護士に依頼するべきである。

もっとも、弁護士に依頼するとしても、具体的なメリットがイメージできなければ、費用をかけてまで依頼すべきかわからない。そこで本章では、クレーマー対応において、弁護士ができることについて概略を説明する。

クレーマーが相手の場合、交渉による解決が期待できないことも少なくない。クレーマーは「譲歩する」ことを想定していないからだ。**交渉による解決ができないとなれば、裁判手続による解決も視野に入れることになる。**クレーマーは「訴える」と言いつつも、裁判所が自分の要求を認めないリスクを危惧して訴訟を躊躇する。こちらとしては、交渉よりもむしろ法廷ではっきりさせることが好都合である場合も多い。そこで会社側からクレーマーに対して裁判を起こすときの注意点について説明をする。

そのうえでクレーマーのターゲットになりにくい組織を作るための工夫について整理しておく。**クレーマー対応の要諦《ようてい》は、なによりもターゲットにならないための事前の準備に尽きる。**実際にターゲットになったうえでの事後的な対応の場合にはできることにも限界があるし、費用もかかる。クレーマー対応を通じて学んだことを組織全体で共有していくことが、将来のクレーマー防止の観点からも効果的である。

1 訴訟の代理人ではなく、用心棒としての弁護士の活用のしかた

~ロジカルな解決は、クレーマーの泣きどころ~

クレーマーが弁護士を嫌う理由

クレーマー対応を効果的に解決するには、弁護士を積極的に活用するべきである。クレーマーの要求は、具体的な根拠もなく、かつ一方的なものである。そのまま受けていたら相手からのプレッシャーだけで倒れてしまう。

弁護士の活用が効果的である理由は、「相手の要求を法的紛争に持ち込むことができる」からである。クレーマーは、会社とのやりとりをなんとか心理戦に持ち込んでいきたいと考えている。一方、弁護士は、これを法的紛争に持ち込んで論理的に解決しようとする。

クレーマーは、物事を論理的にとらえていないため、論理的解決に弱い。だからこそ、弁

護士が関与してくることを嫌悪している。弁護士は「予防」という観点からも、クレーム対応に効力を持つ。

事業経営においては、事前の準備こそ何より大事である。事後的に何かを処理すると費用もかかるし、損害も大きくなる。事前に準備をしておくことで、トラブルの発生率を低下させ、かつ発生した場合でも損害を最小化させることができる。

これはクレーマー対応においても同じである。事前に準備しておくことで、クレーマーの対象になりにくい。もっとも、クレーマー対応の事前準備といっても、なかなかイメージしにくい。ひとつの準備としては、これまでお伝えしたように、クレーマーへの対応について社内でマニュアルを作成することだ。

こういったマニュアルは、自社でオリジナルなものを作成しなければ意味がない。外部に依頼して形式的なものを作成しても、現場では利用できないものができあがってしまう。**自社の経験をベースにするからこそ、身の丈に合ったマニュアルを作ることができる**。なかには「何から手をつければいいのかわからない」という経営者もいるかもしれない。その場合は、弁護士に相談してマニュアルの策定に協力してもらうのもひとつの手だ。

私の事務所で提供させていただいているコンサルティングは、自社の経験をマニュアルというカタチにしていくものだ。**このときのポイントは、何をどの順番でマニュアルにしていくかにある。**

何かを体系化するというプロセスにおいては、「並べ方」が重要になってくる。単にケースを無尽蔵に並べてもマニュアルにはならない。新人の担当者でも読んで実践できるようなマニュアルを策定していくには、学習する順番にこだわってほしい。「順番こそ哲学」といっても過言ではない。たいていのマニュアルが失敗するのは、この順番へのこだわりが弱いからである。コンサルティングでは、具体的に活用できるマニュアルにするため、順番について強いこだわりを持っている。

もうひとつの準備として効果的なのは、不当要求に対する自社の方針を待合室などに掲示することだ。**「不当な要求には応じない」ということを書面であらかじめ明示しておくということである。**このとき、できれば顧問弁護士の名前も掲載しておくといい。たとえば、「不当な要求がなされた場合には、顧問弁護士である○○弁護士に対応を依頼しております」とあえて書いておくことだ。

クレーマーにとっては、論理的に物事を解決していく弁護士は面倒くさい相手である。一歩間違えれば、逆に自分が責められる可能性すらある。しかも抽象的に「弁護士に依頼します」という表現ではなく、具体的な名前まで掲示されていると、「この会社は本当に弁護士に依頼する」ということが相手に伝わる。それが不当な要求に対する抑止力になる。

弁護士にとって、訴訟はあくまで紛争解決のひとつの手段でしかない。しかも訴訟がベストな紛争解決の手段とも限らない。弁護士は、各自が紛争解決手段を体系化し、かつ事案に応じてベストな方法を選択していくことになる。経営者には、事業経営をするうえで弁護士をもっと身近な相談者として活用していただきたい。

クレーマー対応を弁護士に依頼する際の注意事項

昨今、クレーマー対応についてのコンサルティングを提供する方は少なくない。それぞれのコンサルタントが自己の知見に基づき、すばらしいサービスを提供されているはずだ。経営者としても、経験に勝るものはないので、参考にするべきだろう。

もっとも、コンサルタントと弁護士には、根本的な相違がある。**弁護士は、依頼人の代理人として活動できるという点だ。**コンサルタントが代理人として活動すると、弁護士法に抵触する可能性がある。弁護士は、代理人になることができるがゆえに、クレーマー対応において効果的である。

弁護士は、正式な依頼を受けると、まずクレーマーに対して受任したことを通知する。このとき「今後の対応は弁護士が実施する」と記載する。**交渉の窓口を会社から弁護士に変更することができることこそが、弁護士に依頼する最大のメリットである。**

クレーマーの担当者は、正直言って疲弊している。どれほど毅然と対応している人であっても、「早く手を放したい」と願っているのが通常である。「またクレーマーから連絡があったら対応しなければならない」と不安を抱いていれば、本来の業務に集中することができない。いつ来るかわからないクレーマーに対して警戒し続けるというのは、精神的にかなりの負担になってしまう。

これが「今後は弁護士が対応する」となると、かなり気が楽になる。実際、私の事務所に相談に来所する方も、「今後はこちらで対応しますから」と言うだけで担当者の顔に安堵感が広がる。

弁護士が対応するには、クレーマーの氏名と住所を把握しておきたい。弁護士は、一般的に受任通知を書面で送付する。相手の氏名と住所が不明であれば、こちらから裁判をすることは容易ではない。電話番号しかわからなければ、相手を特定できない可能性もある。逆に弁護士が就任すると、クレーマーは警戒して、氏名や連絡先を伏せることがある。この状況は弁護士としてもやりにくい。

そこで、弁護士に依頼する前の段階で相手の氏名と住所だけはなんとかして把握しておいてほしい。これらの情報さえあれば、弁護士として打てる手が増えてくる。

いったん弁護士に任せたら、すべての窓口は弁護士に一本化させるべきだ。スムーズな交渉を進めるには、窓口はひとつでなければならない。仮に相手が連絡を求めてきても、「すべて弁護士に任せているので、当社で対応できることはない」と回答するのが正しい。個別に対応されると依頼を受けた弁護士としても対処に困る。

クレーマーから「先ほどの会社の担当者は違う話だった。弁護士は会社と意思疎通ができているのか」と批判されることもある。情報が分散すると、クレーマーのつけ入るスキができてしまう。なかにはクレーマーが依頼者に対して弁護士を解任するよう求めてくるときもある。

ある事案では、クレーマーが「なぜ勝手に弁護士に依頼するのか。弁護士がいるとまとまる話もまとまらない。早く終わらせたいなら弁護士を解任しろ」と懐柔《かいじゅう》の電話を担当者にしてきた。このときの担当者は毅然と対応してくれたからよかった。おそらく相手を信頼して弁護士を解任していたら、さらに過激な要求がなされていたであろう。弁護士といえども依頼者から解任されれば何もすることができない。

クレーマーは、できるだけ弁護士とやりとりをしたくない。**そこでクレーマーは、会社と弁護士の信頼関係が崩れるように情報操作をすることがある。**あえて会社に対して「弁護士からの対応が遅い」「弁護士はこれまでの経緯を理解していない」といった不安を煽る言動をしてくる。弁護士に依頼する場合は、定期的に情報共有をして、信頼関係の構築に取り組むべきだ。

弁護士に依頼する際は、どの弁護士が対応するのかもきちんと確認しておくことを勧める。「ある弁護士に担当してほしくて依頼したら、同じ事務所の別の弁護士が担当になった」という不満の声は少なくない。依頼者としては、「この弁護士」と意識して費用を払って依頼している。これに対して依頼を受けた弁護士としては、他の案件も対応しなければならないため、依頼のあった案件をすべて自分ひとりで担当できるとは限らない。

このように依頼をする側と依頼を受ける側では立場も違うし、考え方も違う。だからこそ、事件を依頼する際には、他の弁護士と共同で担当するのかどうかも含めて確認しておくべきだ。事後的に「話が違う」となると、弁護士への不信感につながりかねない。弁護士費用も含めて聞きにくいことこそ、相互の信頼のため明確にしておくべきだ。

関係各所への情報共有

弁護士に依頼するときのイメージ作りのために、私の事務所で依頼を受けるときの手順について簡単に説明しよう。まず相談に先立ち、担当者には事件の経緯についてメモを作成してもらっている。事実を時系列に整理したものだけでもいい。**ざっくりした全体のイメージを持っておくことで、相談時において質問するべきことがわかる。**

相談時にゼロから聞いていくのは時間の無駄であるし、聞き落としが生じかねない。事前にメモを確認したうえで、必要な資料を補充的に用意してもらう。こうすることで初回の相談の内容を充実させることができる。

相談においては、担当者のみならず、できるだけ経営者にも同席してもらう。中小企業では、弁護士への依頼の決定は経営者の判断ひとつである。いくら担当者に方針を説明しても、経営者が了承しない限り、弁護士への依頼ということにはならない。**依頼の是非を決定する経営者に会わなければ、いつまでも進展しない。**

担当者からは「弁護士に依頼して手を離したい。だが社長は費用がかかるからといって依頼させてくれない」という声を耳にしたことがある。弁護士に依頼すれば、費用がかかる。「できるだけ経費をかけたくない」というのは経営者としてあたりまえの姿勢である。ただ、実際に苦労しているのは、経営者ではなく担当者である。単に費用の多少だけで検討するべきではない。

相談を聞いてから方針と費用を提案させていただく。このときポイントになるのが、具体的なゴールを設定することである。「クレーマーからの要求に対応する」ではゴールが定まっていない。「クレーマーからの電話を止める」というようにわかりやすいゴールを暫定的に決めていく。これによって全体として向かう方向を共有することができる。

こういったゴールは、事案の展開によって修正していくことになる。クレーマー対応は相手のあることなので、ゴールあるいは方針が流動的になるのはやむを得ない。**それでもゴールを設定するのは「ゴールからずれている」ことを自覚するためである。**

ゴールがなければ、想定したところから外れていることすらわからず、新たな一手を打てない。経営者から方針と費用について同意をいただいたうえで正式な受任となる。

受任をする際には、「クレーマーから連絡がきて、一番困るところはどこですか」と経営者に質問するようにしている。**クレーマーは、会社にプレッシャーをかけるために、第三者に連絡をすることがある。**親会社、フランチャイザー、加入団体、あるいは取引先などである。突然クレーマーからの申し入れがなされたところとしては、「こちらに言われても困るから早くどうにかしてください」と会社に連絡してくる。

経営者は、こういった第三者からのプレッシャーに弱い。クレーマーは、弁護士が会社についたとわかると、経営者の弱みである第三者に連絡をすることがある。これをされると現場が混乱することになる。「弁護士をつけて対応をしています」と説明しても、第三者に納得してもらえるとは限らない。むしろ「そちらの都合でしょう。弁護士がいるなら、こちらに迷惑をかけないようにしてもらってください」と言われることもある。弁護士としても、クレーマーがどこを対象にしてくるかわからないため、あらかじめ打てる手がない。

こういったとき第三者が怒るのは、何の前触れもなくクレーマーから連絡があるからだ。あらかじめ連絡があるかもしれないとわかっていれば、また印象も違う。そこで弁護士に依頼する場合には、関係のありそうなところにあらかじめ連絡をしてもらうようにしている。クレーマーからの不当な要求を受けていること、弁護士に依頼していること及びクレーマーからの連絡があるかもしれないことを伝えておく。

このように事前に情報を共有しておくだけで、「それは大変だね」という協力関係になってもらいやすい。少なくともクレーマーから連絡があっても、あわてることがない。クレーマー対応においては、こういった心情に対する細やかな配慮が求められる。

ポイント！

- ・弁護士を活用すれば、クレーマーの要求を法的紛争に持ち込むことができる。
- ・弁護士は依頼人の代理人として、クレーマーとの交渉の窓口になることができる。
- ・弁護士に依頼していることを、取引先などにも伝えておくべきである。

2 決着しなければ、裁判所の力を借りて問題を解決する

～訴訟、民事調停、仮処分など、様々な法的手段がある～

裁判所へ持ち込む目的

クレーマーからの要求は、基本的に具体的な根拠がない。そのため、「訴えるぞ」とは言いつつも実際に訴えることはあまりない。仮に訴えたとしても、費用ばかりかかり、しかも自分の要求が否定される可能性が高い。結果として、クレーマーからはいつまでも「話し合い」を求められ、会社として対応に苦慮することになる。そこで、あえて会社から裁判所へ事案を持ち込むこともある。

ある介護事業所では、退職した従業員の親からの電話と面談要求に翻弄されていた。本人は、勤務開始から無断欠勤を繰り返し、勤務中もゲームをするなど問題行為が目立って

いた。これについて上司が指摘すると、2カ月も経たないうちに「自分の想像していた仕事と違う」と言って退職していった。

すると両親が「会社からパワハラがあった。説明と慰謝料を求める」と執拗に迫ってきた。会社側が何度説明をしても、「会社の言いがかりだ。根拠がない」の繰り返しでまったく納得しなかった。「弁護士に相談しても、会社の対応はおかしいと言われた。すぐに謝罪しろ」と言うようになった。相談した弁護士名を聞いても、「それは教えられない」ということでまったく話が進まなかった。

要求はエスカレートして、施設長の携帯電話に多いときは1日に5回も電話がされた。しかも事前の連絡もなく、いきなり施設にやってきて面談を求めることも繰り返すようになった。あきらかに業務に支障が出るようになり、私の事務所への依頼となった。

事務所では、会社としての対応に間違いがないか資料を再確認したが、やはり問題はなかった。そこで弁護士として連絡をしたが、一向に相手にされず、施設への電話なども続いた。そこで本件はやむを得ないとして、会社側から裁判所へ事案を持ち込んだ。裁判に持ち込んだことを知ると、相手は態度を変えて、すぐに話し合いで解決することができた。

このように、**会社からあえて裁判所に持ち込む目的は、事案を司法のルールのなかで処**

理することにある。クレーマーとの交渉では、ときに相手の独自のルールで物事が展開することがある。これでは何をやっても相手が納得しなければ話し合いが進展しない。ルールがあってないようなものだ。これが裁判所を関与させることで、司法のルールで事案を整理し、紛争を解決させることができる。クレーマーといえども、司法のルールには応じざるを得ない。

裁判所に持ち込むといっても、採用するべき手続きは、訴訟、調停、仮処分など複数ある。弁護士としては、事案の内容や証拠の内容を基礎にしつつ、いかなる方法を採用するかを検討していくことになる。ここでは、典型的な債務不存在確認訴訟を簡単に説明しておこう。

一般的に訴訟では、原告が被告に対して、「貸金を支払え」「建物を明け渡せ」など具体的な何かを求める形式が多い。これはイメージしやすいだろう。仮にクレーマーが自分で訴えるとなれば、会社を被告として金銭の支払いを求めることになる。

債務不存在確認訴訟とは、その逆のパターンとイメージすればいい。会社としてクレーマーの要求するような損害賠償責任を負担しないことを裁判所において確認してもらうというものとイメージしてもらえればいい。会社としては、主張と証拠を提出して、裁判所に「クレーマーからの要求に応じる責任は会社にはない」と判断してもらうことになる。**クレーマーからの要求に応じる必要がないことについて司法的な裏づけがされることになる。**それでもクレーマーが要求を続けるのであれば、根拠のない違法な要求ということになる。

こういった訴訟については、「相手が裁判所に出てこなかったらどうなりますか」と質問されることがある。実際のところ、訴訟を提起してもクレーマーになんら反応がないことがある。具体的な認否もなく欠席すれば、会社の請求を認める判決がなされることもある。

経営者のなかには、「単に責任がないということだけでは不十分だ。むしろ損害を請求してほしい」といきりたつ人もいる。心情としてわからなくもないが、拙速な判断は避けるべきだ。こちらから損害を請求するとなると、具体的な主張や証拠を用意して提出する必要がある。これに失敗すると、裁判所から請求棄却という判断がなされるリスクがある。**会社から訴えて敗訴すれば、かえってクレーマーに自信を与えることになりかねない。**

もちろん、会社の訴えが認められないということと、クレーマーの要求が認められるというのは同一のことではない。それでもクレーマーは、目の前の事実を自分の都合のいいように解釈する。仮に会社として損害を請求する場合には、損害の算出にも留意しなければならない。

法人である会社は、慰謝料を請求することができない。慰謝料は精神的な苦痛に対するものであるから、精神のない法人に慰謝料という概念はない。慰謝料を請求するとなれば、担当者個人が受けた精神的苦痛だ。そのため、原告としては、担当者個人の名前をあげることになる。これはこれで担当者にとって負担となる。また、会社としては、クレーマーとの対応で業務に支障が出たと感じるだろうが、具体的な損害の算出となると難しい。「対応のために時間を取られた」という程度では、損害と認定される可能性は低いだろう。

いずれにしても、安易に請求してかえってクレーマーに自信を与える結果になってはならない。請求をする場合には、事前に弁護士に裁判に耐えることができるだけの証拠があるのか確認してもらうべきだ。

民事調停を活用してみる

事案を裁判所に持ち込むといっても、持ち込み方法は訴訟だけではない。訴訟の場合には、最終的には判決によって白黒をはっきりさせることができるというメリットがある。クレーマーの希望とは関係なく、結論が出ることになる。

もっとも、**メリットはときにデメリットにもなる**。クレーマーからの要求のなかには、会社のミスもあって、あまり無下にできないときもある。たとえば、クレーマーの要求は過剰ではあるが、会社として何らかの賠償をせざるを得ないというときだ。会社としては、公開の法廷で事案のすべてが明らかになることを避けて、できれば話し合いによる解決をしたいというニーズもあるはずだ。また紛争解決のために弁護士を依頼するだけのコストをかけることができない場合もあるだろう。そういうときにお勧めするのが民事調停だ。

「調停」というと、離婚調停や遺産分割調停といった言葉を耳にした人が多いかもしれない。これらは家事事件に関する、一般的に「家事調停」と呼ばれるものだ。調停のなかには、家事調停のみならず、「民事調停」と呼ばれるものもある。**民事調停は、当事者間の民事トラブルを解決していくための手続きであり、クレーマーとのトラブルにも利用することができる。**

民事調停は、「裁判所における話し合いの場所」とイメージすればわかりやすい。訴訟のように裁判所の主導で白黒をはっきりつけるというものではない。あくまで当事者による話し合いによる解決を求めるものだ。

ただ、話し合いのなかに調停委員という第三者が関わる点において、当事者間同士の話し合いとは異なる。**この第三者が関わるというのは、想像しているよりも話し合いを進め**

るうえで効果的である。クレーマーとの直接のやりとりのなかでは、交渉をしてもいきなり話が変わることがある。せっかく積み上げてきた交渉が一方的に崩されてしまい、ストレスになる。

調停では、第三者が関わり交渉の交通整理をしてくれるため、ストレスが軽減される。**また民事調停においては、クレーマーと直接対面のうえ話し合いをする必要はない**。一般的には当事者双方から別々に調停委員が話を聞いてくれる。クレーマーが話をしているときには、会社側は待合室などで待機する。逆に会社側が話をしているときは、クレーマーは待合室などで待機することになる。こうやって双方の話を別々に聞きながら合意点を模索していくことになる。クレーマーを前にしては緊張して言いにくいことも調停委員の前では落ち着いて話すことができる。

訴訟はルールが厳格であるため、できれば自分で対応せず、弁護士に依頼したほうがいい。これに対して調停であれば、あくまで話し合いの延長であるため、会社で対応することも十分可能だ。

私の事務所で調停の代理人をするのは、「費用をかけても手を早く放したい」という会社のニーズがあるときだ。「自分でやりたいが、書面の書き方がわからない」ときは、書面の書き方だけ弁護士に相談するのも手っ取り早い方法だ。

こういった民事調停は、非公開であるため、会社とクレーマーとの交渉の経緯が外部にもれることはない。何回かの期日を経て当事者双方が合意できた場合には、「調停調書」というものが作成される。これは当事者の合意内容を記載したもので、判決と同じ効力を有する。

もっとも、民事調停といっても万能なものではない。民事調停は、あくまで当事者の合意を模索するものであるため、合意できなければ「調停不成立」ということで終わってしまう。つまりクレーマーが納得しなければ、問題の解決にはならない。

それでも調停をする意味はある。それはクレーマーの要求内容を整理して確定することができることだ。債務不存在確認訴訟などをするにしても、クレーマーの要求内容が曖昧では、訴える内容が特定できず、始めることができない。**調停を通じてクレーマーの要求内容を特定させることで、調停が不成立になった場合でも、訴訟など別の方法をスムーズにとることができる。**しかも調停のなかでは、将来の訴訟を見越して必要な資料の提出などを求めていくこともできる。

円滑に話を進めるための手法として、民事調停をもっと積極的に活用するといい。一度自社で経験すれば、民事トラブルの解決手法として活用しやすい。

スピードを求められるときは「仮処分」

訴訟あるいは調停は、クレーマーとの紛争解決の手段として効果的なものである。ただし、電話あるいは面談要求が執拗になされているときに直ちに強制的にやめさせることはできない。

訴訟にしても調停にしても、基本的に期日が開かれるのは月に1回くらいのペースである。事案として終了するのに1年以上かかることも珍しくない。その間にクレーマーからの裁判外での連絡などが停止すればいいが、必ずしも停止するとは限らない。むしろ裁判に持ち込んだがゆえに、さらに感情的になり態度を硬化させる可能性もゼロとは言えない。そんなときに「次回は来月の期日で―」ということでは担当者のメンタルがもたない可能性もある。

こういう場合、「仮処分」という手続きを利用することがある。「仮」という言葉にあるように「とりあえず」の判断を裁判所にしてもらうことになる。確定的な判断は事後的に訴訟で決着をつけるとして、暫定的な法律関係を仮処分で迅速に決めてもらうことになる。

仮処分はこの迅速性がポイントになってくる。

仮処分で求める内容は様々なものがある。たとえば、「会社に電話をしてはならない」というものもあれば、「会社の関係者に面談を求めてはならない」というものもある。求める内容は、クレーマーからの要求方法によって異なる。

仮処分は、あくまで暫定的なものであるため、訴訟のように証拠による厳密な事実の認定が求められるものではないとされる。さりとて申立てをすれば、必ず仮処分の決定が出されるというものではない。申立ての根拠となる資料の用意が必要である。

たとえば、執拗な電話を禁止する申立てをするのであれば、いつ、誰から、どのような電話がなされたかについての報告書、電話内容を録音したものなどが必要である。面談を禁止するのであれば、その際の混乱した現場動画なども資料にすることができる。

仮処分を申し立てると、裁判所は通常クレーマーを呼んで意見を聞く手続きをする。裁判所は、クレーマーの意見も聞いたうえで、具体的な決定をする前の段階で和解案を提示することもある。ここで双方が納得すれば、「和解」ということで終局的に紛争を解決することができる。和解とならなければ、会社からの「電話を禁じる」「面談を禁じる」といった趣旨の申立てについて是非が判断される。

仮処分は、スピード勝負のところがある。**スピード感をもって申立てをするには、事前に資料がいかにそろっているかがポイントになる**。仮処分が暫定的な判断を求めるものといっても、申立てをすれば裁判所がすぐにこちらの主張に基づいた判断をしてくれるというものではない。主張を基礎づけるような資料がなければ、仮処分が失敗に終わることもある。申立てを検討する段階になってはじめて資料を用意するとなると、正直言って遅い。だからこそクレーマーについては、早めに弁護士に相談して、仮処分申立ての可能性も含めた資料の準備を協議しておくべきだ。

訴訟、調停あるいは仮処分といった裁判所を利用した方法は、いずれも民事上の責任に関するものである。クレーマーの態度によっては、刑事責任が発生することもある。たとえば、退去しないこと、執拗な電話あるいは面談要求で業務を妨害すること、あるいはカウンターで大声を出して周囲を威迫することなどは犯罪になる可能性がある。

このようなケースでは、警察に対する被害届あるいは告訴といった手続きも検討することになる。「告訴する」と憤っている人を目にすることがある。**「早くなんとかしたい」という気持ちはわかるが、拙速な対応はかえって混乱することもある**。警察にアプローチするにしても、被害届にするのか告訴にするのかをまず考える。

被害届と告訴は似ているが、相違もある。被害届はあくまで被害、つまり犯罪事実があったということを捜査機関に報告するものでしかない。これに対して告訴は、捜査機関に対して犯罪事実のみならず、犯人の処罰まで求めるものである。**クレーマーに対する処罰を求める意思まであるのなら、被害届ではなく告訴をすることになる。**告訴といえども、思いつきでできるようなものではない。用意できる資料などを考慮したうえで、本当に告訴をするか判断していくことになる。

告訴については、専門的な見地からの判断も要するため、事前に弁護士に相談するべきだ。民事の裁判では、こういった刑事事件における資料を証拠として利用することもある。その意味では、民事事件と刑事事件といっても、別個独立したものではなく、相互に影響する関係とも言える。

ポイント！

- クレーマーとの話し合いが長期化した場合、裁判所の力を借りる方法がある。
- 訴訟よりも手続きが簡単な「民事調停」もクレーマー対策に有効である。
- 時間がない場合、「仮処分」を求めて早期にクレーマーの行動を止めることも検討する。

3 クレーマー対応の経験を、組織の強さに昇華させる

～効率化優先ではなく、時間をかけることがポイント～

自社でのクレーマー対応経験を組織内でフィードバックする

クレーマーに対する組織力を高めていくには、自社で経験した事例を社内で定期的にフィードバックすることがもっとも効果的な手法である。いくらセミナーや本を読んだとしても、実際に自社で経験して学んだことほど参考にはならない。**人は「自分ごと」になってはじめて知識を知恵にすることができる。**

それにもかかわらず、多くの企業では、クレーマーからの要求が終わると事案として終了として扱い、フィードバックをする機会がない。仮にあったとしても、事案終了後に全員に概要の報告があって終了ということになる。

これではいくらクレーマー対応の経験があるとしても積み上げていくことができない。いつまでも同じことの繰り返しであり、担当者個人の対応レベルが組織のレベルになってしまう。ある経験は、見返すことではじめて将来において活用できる道具になる。**クレーマー対応も、要求が止まった後こそ、落ち着いて研究する対象になる**。せっかくの貴重な経験を過去の出来事で終わらせることはあまりにもったいない。そこで、経験を組織の強さに変えていく組織内フィードバックのあり方について説明をしていこう。

フィードバックは、クレーマーに直接対応した担当者自身が講師の役を担う。「何があった」という事実だけではなく、「どのように感じたか」という心理も同じくらい大事だからだ。**クレーマー対応では、心理的なプレッシャーゆえの判断の誤りというものがある**。だからこそ担当者には、心理状態を赤裸々に述べてもらうことがもっとも効率的だ。

フィードバックの際は、絶対に担当者の意見を批判してはいけない。事後的に批判するだけであれば、誰だって簡単にできる。担当者は恐怖心を抱きながら精一杯担当してきたのだから、誤りがあったとしても賞賛されるべき立場の者である。批判されれば、担当者としてはさらに同僚から精神的苦痛を受けることになってしまう。

担当者自身に語ってもらうのは、担当者自身の成長のきっかけにもなる。クレーマー対応をしているときには、揺れ動く感情のなかで行動をしている。そのため客観的に自分の行動や感情をとらえることがなかなかできない。**誰かに何かを語るときは、自分の過去の行動や感情と冷静に向き合うことになる。**それはときに辛い経験ではあるが、大人の成長のためには痛みがともなうものだ。自分の成功と失敗を認めることで、自分の今を知ることができる。しかも「教える」ということで、自分のなかで散乱していた知識や経験が体系化される。

つまるところ、体系化とは、情報の選択と順番につきる。**「いかなる情報を伝えるか」は「いかなる情報を捨て去るか」と同義だ。**情報にあふれた現代だからこそ、人は情報を捨て去る際になってはじめて真剣に情報に接し必要性を吟味する。知っている情報を丸ごと伝えるだけでは「教えること」にならない。**また選択した情報をいかなる順番で伝えるかによっても教わる側の理解の程度に差が出てくる。**

「相手の理解を高めるためにどの順番で語るべきか」について考えることがまさに情報を組み立てるということになる。「教えることで自分も学ぶ」というのは、こういった情報の体系化を自ずと経験するからであろう。

クレーマー対応のフィードバックにおいては、ある判断をした際の思考のプロセスもできるだけ共有するようにする。「なぜ、この段階で弁護士に相談することにしたのか」「なぜ、相手の求めに応じてメモを書いてしまったのか」など、事案の分岐点となるような判断についてである。

こういった判断の多くは、一見すれば「なんとなく」というものが多い。担当者としても「その場の雰囲気で」としか答えられない。実際には何らかの判断があったがゆえに行動に出ているはずだ。ただ、担当者はそういった判断のプロセスを言語化できないだけの場合が多い。

「言語化されない思考」というのは意外とある。たとえば、「直感」というのは純粋な感覚ではないだろう。むしろ数え切れない経験から自分なりに導きだした、極めて論理的なものであって、結論に至るプロセスについて言語化できないだけのものかもしれない。

言語化されていない部分を特定し言語化していくことは、類似した事案に対する際の思考方法として参考になる。クレーマー案件は、事件ごとに内容が異なるため、結論だけをいくら知ったところであまり意味がない。思考のプロセスを学んでおくことで新しい案件でもアプローチすることができる。少なくとも、どこで担当者が悩みやすいのかを知っておくことは自分が同じような立場になったときの参考になる。

こういったフィードバックは、年に2回くらいの機会を確保しておくべきだ。人は一度聞いただけでは記憶することができない。また参加しているメンバーも違ってくる。あらかじめ事業計画のなかでクレーム対応についてフィードバックする日時を設定しておくといい。

クレーマー対応は効率性を求めすぎない

逆説的かもしれないが、効率性は求めすぎるとかえって低下するときがある。これはクレーマー対応においても同様である。マニュアルを作成する、あるいは組織内にフィードバックするというのは、対応の効率性を向上させるために必要なものだ。

もっともマニュアルを作成するにしても、当初は相当の時間を要する。しかもいったんマニュアルができあがったとしても、修正を要するものであって「これで終わり」というものはない。常に磨き上げていかなければならない。**その意味ではクレーマー対応のレベルを上げていくというのは、手間暇のかかることだ。**

しかもレベルをいくら上げたとしても、売上に直結するものでないため、効果を計測するのは容易ではない。それにもかかわらず、経営者が「もっと早く」「もっと効率的に」と社員に求めてしまうと、時間をかけてスキルを磨くだけの精神的な余裕がなくなっていく。これではマニュアルにしても、フィードバックにしても、カタチばかりのものができあがって効果が期待できなくなってしまう。飾りのためのマニュアルであれば、わざわざ作成する必要などない。

経営者が「効率性」という抽象的な言葉をあげるたびに、社員はさらに焦りを感じることがある。これはクレーマーへの実際の対応においても共通する。「効率的に対応しよう」と意識するほどに対応が雑になってしまい、クレーマーの思うつぼということになるケースもある。

クレーマー対応においては、余白をあえて残しておくくらいの心がけがベストだ。マニュアルにしても、最初から完璧なものにしようとしても、誰も自社オリジナルの完璧なマニュアルを知らないのだから、できるはずがない。「とりあえず作成して、これから修正していけばいい」というくらいの軽い気持ちで十分だろう。

また、実際にクレーマーに対応していくなかでは、マニュアル作成時にはまったく予想していない展開になることもある。そのようなとき「マニュアルにない。どうしたらいいのか」と悩む必要はない。むしろマニュアルにないことが発生するのが現実だ。

そういうときには、「マニュアルにないような状況になったから、弁護士に相談してみよう」という心がけで十分だ。このように記載すると、「マニュアルなんて結局は役に立たないではないか」という批判もあるかもしれない。

マニュアルにない事態が発生したからといって、マニュアルが役に立たないというわけではない。**マニュアルの役割は、予想される事態における対処法を示すことだ。逆に言えば、マニュアルにない事態があるということは、それは想定していない異常な事態ということを示している。**

こういった先例のない案件については、自分で判断して動くよりも、弁護士に相談して判断を仰いだ方がいい。「まずい」と感じたら、周囲に支援を求めるのは決して情けないことではないし、責任の放棄でもない。このようにマニュアルには、異常性の判断基準という機能もあることを理解していただきたい。

自分のなかのクレーマー

ここまでクレーマーに対する具体的な対応と予防方法について整理してきた。これらについて実践していただければ、自社のクレーマー対応のレベルは上がるはずだ。

本書の最後に、これまで触れてこなかったことについて考えておこう。それは〝自分のなかにいるクレーマー〟だ。

我々は、とかくクレーマーというと、自分ではない他の誰かを想像する。クレーマーにしても、「自分がクレーマーである」という認識はない。

クレーマーは、あくまで周囲の評価のなかで生まれてくるものだ。そのため、周囲からすれば、我々自身がクレーマーという評価を受けている可能性がある。人はとかく「自分は正しく、周囲は間違っている」という認識に立ってしまいがちだ。「あなたもクレーマーかもしれない」と指摘されると、「失礼な。そんなはずがない」と感じるだろう。だが、我々がクレーマーではないという確証はどこにもない。

高度にサービス化した社会においては、便利であることがあたりまえのことになっている。たとえば、指定した時間に荷物が届くことひとつにしても、「あたりまえ」のサービスのように感じるかもしれないが、冷静に考えればこれはすごいことだ。自分自身の力だけで指定の時間どおりに配達できるかといえば、できないだろう。

こういった高度なサービスの背後には、それを支える無数の人々の配慮がある。**我々は、ときにサービスの内容ばかりに意識を向けてしまい、サービスを支える人々の存在を忘れ**

てしまっている。顔が見えないからこそ、少しでも時間などに遅れると、悪意なくサービスに対して不満を口にしてしまうことになる。

「よりよいサービス」を標榜する企業としては、こういったクレームについては真摯に対応せざるを得ない。それが翻って現場の社員に対して無理を強いることにもなってしまう。最後には誰かの負担と犠牲の上にサービスが成り立つということにすらなりかねない。そんな社会は誰も望んだものではない。

社会は、人々が複雑に絡み合い、かつ影響しあうことで成立している。このシステムのなかでは、誰かの行動の影響が相互依存の関係により増幅される。誰かが自己中心的な態度で周囲に対する不満を口にすれば、反響を通じて次第に大きな不満の声になる。それが「クレーマー」というカタチで現れてくる。

クレーマーは、いわば我々が生みだしたものだ。我々が生みだしたものであるがゆえに、我々自身の手によってなくすこともできるはずだ。我々は、自分たちの意思とは関係なく、競争社会の中で暮らしている。競争をすること自体は、文化の発展に寄与するものであるから安易に否定されるべきではない。ただ、競争に関して「誰かに打ち勝つこと」だけがフォーカスされると誰かを赦《ゆる》すということを忘れてしまう。

人は、誰しも過ちを犯してしまう存在だ。過ちを批判するのは容易ではあるが、赦すのは難しい。**だが赦すことができるからこそ、相互に支えあう社会が円滑に成り立つ**。批判だけの社会であれば、不信感ばかりが募ることになる。しかも「誰かを赦す」というのは、他者を救うばかりではなく、自分自身を救うことでもある。

弁護士として様々な出会いを通じて学んだことは、「人は自分でしか救われない」という事実だ。いくら弁護士として活動しても、最後に傷ついた依頼者を救えるのは依頼者自身しかいない。弁護士ができるのは、本人が救いの道を見出すことを間接的にサポートさせていただくことだ。おそらく「救ってあげよう」と感じた時点で、救いにはならず、単に善意の押しつけで終わってしまう。

本人が救いの道を見出すのは、誰かを赦すことができたときだ。辛い選択であるが、赦すがゆえに自分を縛る苦しみから解放される。こういった赦しの連鎖が広がることで社会はもっと豊潤なものになるはずだ。

我々は、なにかしらの不満を抱えながら暮らしている。我々の内面には、「クレーマーとしての自分」がひそかに横たわっているかもしれない。クレーマーであるか否かは、誰かを赦せるかどうかの違いでしかない。いわば紙一重の違いだ。

自分自身がクレーマーにならないためには、自分を苦しめる誰かを赦すしかない。赦しこそすべてだ。

ポイント！

- 過去のクレーマー経験をフィードバックすることで、組織力を高めることができる。
- クレーマー対策は最初から完璧なものを求めず、状況に応じて修正していけばいい。
- 〝自分のなかにいるクレーマー〟を意識して、誰かを〝赦す〟ことを考える。

おわりに

経営者にとっての喜びのひとつは、社員がいつまでもはつらつと勤務してくれることであろう。クレーマー対応に疲弊して社員が退職していくことなど、誰にとっても不幸なことだ。このような場合、社員を守ることができなかった経営者にも何らかの問題がある。経営者の姿勢を変えていかなければ、本質的な解決にはならない。

私たちは、経営問題の原因を企業の外部に求める傾向がある。クレーマー対応にしても、「クレーマーさえいなければ」と願うことがしばしばである。しかしながら、原因の多くは、企業の外部ではなく、内部にあるものだ。もっといえば、経営者自身にある場合が圧倒的に多い。

経営者が変わるだけで、「これは同じ会社なのか」と目を見張ることがしばしばある。経営者と会社はまさに一心同体。だからこそ本書では、クレーマー対応について経営者の視点から体系化してお伝えしてきた。

本書を通じてクレーマー対応の基本の型のイメージを持っていただけたはずだ。ここで

「参考になった」で終わるか否かによって、5年後、10年後の自社のあり方がまったく変わってくる。学んだことを実践してこそ、自社を飛躍させていくことができる。

少なくない経営者が、学んだことで満足してしまい、同じところでつまずき、痛い目を見ている。実践するといっても、難しいことを求めているわけではない。事例を参考に「自社ならどう対応すべきか」をイメージして、紙に書き出していただければ十分である。大事なのは「自分で考える」というプロセスである。

この世界に同じ経営者はふたりといない。各自が価値観と経営手腕を磨きながら、あるべき将来を描いている。クレーマー対応にしても「唯一の正解」というものはない。基本をベースにした自社オリジナルなマニュアルこそ求められる。オリジナルなものだからこそ、迫力と緊張感が生まれてくる。

もっとも、最初から完璧なものを求めてはならない。完璧を求めるほど、現場から離れた抽象的なものになってしまう。たとえ立派なものができたとしても、実際に活用できないものになってしまう。

経営者としては、本書に記載してある内容を参考にして、とりあえずのプロトタイプを作ってしまうことだ。それを現場で運用したうえで問題点があれば修正していく。イメージとしては、「走りながら考える」といったようなものだ。自力での作成が難しいようであれば、相談していただきたい。

もっとも、コンサルティングの内容は、弁護士が作成したものを提供するというものではない。あくまで経営者自身が生みだしていくのをサポートする形式だ。経営者が魂を込めて作成したものでなければ、いかに立派なものでも定着しないからだ。事業に魂を入れることができるのは経営者のみである。

「社員のため、顧客のため、よりよい組織を作りたい」という経営者の執念こそ、クレーマーの不当な要求を断る原動力になってくる。経営者は、あらゆるリスクを打ち払い、自社の輝ける未来を手にしていかなければならない。そのためにも事業への情熱をより高めていただきたい。本書が経営者の情熱の一助になるならば、それに勝る喜びはない。事務所のホームページでは、情報を随時更新しているので、必要に応じて参考にしていただければ幸いである。

最後に、本書を執筆するにあたり、プレジデント社の桂木栄一様及び田所陽一様から慣れない執筆に並みならぬ指導をしていただいた。また、松﨑舞子弁護士及び前田琢治弁護士には多忙のなか、「よりわかりやすい一冊」にするための議論につきあっていただいた。その他にも、事務所のスタッフの支援がなければ、完成に至ることもなかった。クライアントをはじめ、多くの方々に支えていただいているからこそ、弁護士として自分が考えていることをまとめることができた。関係者の方々に改めて御礼申し上げる次第である。

ひとりでも多くの経営者が、本書を通じて、飛躍する組織を作りあげていただくことを切に願っている。

島田直行

〔著者紹介〕

島田直行（しまだ・なおゆき）

島田法律事務所代表弁護士

山口県下関市生まれ。京都大学法学部卒。山口県弁護士会所属。

「中小企業の社長を360度サポートする」をテーマに、社長にフォーカスした“社長法務”を提唱する異色の弁護士。会社の問題と社長個人の問題をトータルに扱い、弁護士の枠にとらわれることなく、全体としてバランスのとれた解決策を提示することを旨とする。基本姿勢は訴訟に頼らないソフトな解決であり、交渉によるスピード解決を目指す。顧問先は、サービス業から医療法人に至るまで幅広い業界・業種に対応している。

労働問題、クレーム対応、事業承継（相続を含む）をメインに社長に対するサービスを提供。クライアントからは「社長の孤独な悩みをわかってくれる弁護士」として絶大な信頼を得ている。

とくにクレーマー対応は、これまでサービス業から病院までさまざまな業種の100名を超える悪質なクレーマーに会社の代理人として対応してきた。その実績を基礎に「クレーマー対応に強い組織づくり」を目指したコンサルティングを各地で提供している。

『プレジデントオンライン』にて「トラブル火消しの参謀」を好評連載中。著書に『社長、辞めた社員から内容証明が届いています』（プレジデント社）がある。

島田法律事務所

https://www.shimada-law.com/

社長、クレーマーから「誠意を見せろ」と電話がきています

「条文ゼロ」でわかるクレーマー対策

2019年10月31日　第1刷発行

著　書　島田直行
発行者　長坂嘉昭
発行所　株式会社プレジデント社
〒102-8641　東京都千代田区平河町2-16-1
平河町森タワー13階
https://president.jp/
https://presidentstore.jp/
電話：編集（03）3237-3732
　　　販売（03）3237-3731

装　丁　竹内雄二
本文デザイン& DTP　ビジネスリンク
編　集　桂木栄一　田所陽一
制　作　関 結香
販　売　高橋 徹　川井田美景　森田巌　末吉秀樹
印刷・製本　凸版印刷株式会社

ISBN978-4-8334-2346-5
Printed in Japan